los zapatos de la pastora

∾

A LA LUZ DE MI VIDA

Ruth Feliciano Roldán

Libro: LOS ZAPATOS DE LA PASTORA, A LA LUZ DE MI VIDA
Autora: Ruth Feliciano Roldán
1º Edición - Editorial ZP - 2022
Ciudad de Córdoba - Argentina

1. Educación. 2. Reflexión. 3. Vida Cristiana. I. Título
CDD 248

Empresa asociada a la Cámara Argentina del Libro
editorialzp@gmail.com

Primera tirada: Junio, 2022

Contenido

Introducción

Quiero dedicar este libro primeramente a Dios por su gran amor y cuidado para conmigo a través de mi vida. Luego, a los dos seres que me trajeron a este mundo: Manuel Feliciano y Rosa Lydia Roldán. Fueron ellos los que sembraron la semilla de la palabra de Dios en mí. Doy gracias a Dios por los padres que me dio, porque, aunque fueron pobres y no pudieron darme todo lo material, me dieron lo más valioso que un padre puede darle a un hijo. Lo que no se puede comprar con dinero, porque es de un valor incalculable; es gratuito, el regalo inmerecido de parte de Dios y su amado hijo Jesús, nuestro salvador. El conocimiento de Dios, su palabra, su amor y el temor a Dios Altísimo.

La palabra nos dice: *"Instruye al niño en su camino, aun cuando fuere viejo no se apartará de él"*. **Proverbios 22:6.**

Doy gracias a ellos, no solo por traerme al mundo, sino por instruirme en la palabra y el camino del Señor. Pues me dieron el mejor regalo, el del camino del Señor Jesús. Pues Jesús es el camino, la verdad y la vida.

Doy gracias a Dios porque sé que él fue quien propició todo para que yo lo conociera y le sirviera; mi vida siempre ha estado en sus manos, mi destino fue trazado por él desde antes de mi nacimiento. Así como dice su palabra: *"Mi embrión vieron tus ojos y en tu libro estaban escritas todas aquellas cosas que fueron luego formadas, sin fallar una de ellas"*. Salmos139:16.

Gracias a ellos hoy puedo estar segura de que tendré vida eterna. *"Yo les doy vida eterna y nunca perecerán, ni nadie podrá arrebatármelas de la mano"*. Juan 10:28.

Mis padres se ocuparon de sembrar la semilla de la vida en mí cuando era una niña. Como dice su palabra: *"Yo sembré, Apolos regó, pero Dios ha dado el crecimiento, así que no cuenta ni el que siembra, ni el que riega solo Dios, quién es el que hace crecer"*. *"El que siembra y el que riega están al mismo nivel, aunque cada uno será recompensado según su trabajo"*.

1 Corintios 3:6-8.

Sé que el propósito de Dios para mi vida se está cumpliendo y eso es lo importante. Pues nunca imaginé poder ser instrumento en las manos de Dios y ser de bendición para muchos. Es un honor servirle a mi Señor en la gran comisión del pastorado.

Hoy agradezco a Dios por hacer posible el sueño de escribir mi primer libro: "Los Zapatos del Pastor a la luz de mi Vida". Bendigo a cada vida en el nombre del señor Jesús que lea este libro.

Capítulo 1

Instruye al niño en su camino y aun cuando fuere viejo no se apartará de él
Proverbios 22:6

Esta palabra se hizo rhema en mi vida. Mis padres, desde niña, me condujeron al camino del Señor. Vengo de una familia humilde con grandes valores cristianos. Tengo cinco hermanas a las cuales mi padre nombró con nombres bíblicos: Martha, Sara, Esther, Ruth y Esmirna. Soy la cuarta de las hijas. Mi nombre previene de la historia bíblica de Ruth, conocida como la moabita fiel. Una cualidad que yo, a su vez, poseo, pues he sido fiel a mi Dios en todo tiempo, en las buenas y las malas. He renunciado a muchas cosas que deseaba, negándome a mí misma, así como dice la palabra: *"Entonces Jesús dijo a sus discípulos: Si alguno quiere venir en pos de mí, niéguese así mismo, y tome su cruz y sígame"*. **Mateo 16:24**.

Lo he dejado todo por ser leal y fiel a Dios, nunca me he apartado de él. Y nunca lo haré, ya que hice pacto con él y me es imposible, pues no deseo dejarlo nunca.

Mi padre era un hombre de genio fuerte, un hombre valiente, esforzado con mucha determinación. Una vez

· · ·

que decidió servirle al Señor lo hizo con mucha entrega, devoción y dedicación. Recuerdo que pasaba mucho tiempo en la presencia de Dios en oración, en el estudio de la palabra y evangelizando, tanto así que, llegó a adquirir posición de ministro en la iglesia en la cual perseveró. Era un siervo, un ministro ejemplar, y yo estaba muy orgullosa de él. Él nos instruyó en la palabra de Dios, nos enseñó a conducirnos con disciplina y respeto en la casa de Dios. Recuerdo que antes de entrar al lugar de reunión nos leía la cartilla. Entrabamos en fila india, él nos escoltaba a los asientos para sentarnos juntos. Las reglas eran no hablar y prestar atención, estaban bien aprendidas. Dios nos librara de que desobedeciéramos sus órdenes, porque nos escoltaba a la parte de atrás del salón del lugar de reunión, sacaba su correa y nos daba nuestro merecido.

La palabra dice: *"El que escatima la vara odia a su hijo, más el que lo ama lo disciplina con diligencia"*. **Proverbios 13:24.**

Lo que me muestra que mi padre me amaba, por tanto, nunca escatimó disciplinarme. En la casa también había reglas, nos sentábamos todos a la mesa a desayunar y a cenar. Teníamos que orar todos juntos antes de comer. Había días de estudio bíblico y la estudiábamos juntos. Todos los sábados salíamos a evangelizar, algo que me gustaba mucho. Me fascinaba ir de casa en casa, oír a mi padre evangelizar a las personas, ver como lograba persuadirlos de su mal caminar, comenzar a servirle a Dios y congregarse en obediencia a la palabra de Dios. Acostumbraba visitar a los hermanos de la congregación, compartiendo con ellos en sus casas. Se hacía amigos de ellos y estas personas disfrutaban de su compañía, al grado que lo invitaban a cenar a sus casas.

Mi padre era una persona muy social y conversadora. Su tema favorito, era la palabra de Dios. Tenía muchos amigos y hermanos en la fe. Mi padre era muy divertido, sacaba tiempo para todo, aún para la familia. Le gustaba sacarnos a divertirnos a la playa, zoológicos, pasadías y asambleas de la iglesia. En fin, sacaba tiempo para todo, así como dice la palabra: *"Todo tiene su momento oportuno, hay un tiempo para todo lo que se hace debajo del cielo"*. **Eclesiastés 3:1.**

Todo esto fue formando valores Cristo céntricos en mí, así como un patrón de vida positivo. Aunque mis padres quizás no pudieron darme todo lo material que necesitaba, me dieron lo más grande que un padre puede dar: instrucción en el camino de Dios. Y, Aunque no eran profesionales, me aconsejaron que estudiara y me hiciera una profesional, lo cual logré.

· · ·

Gracias a sus consejos hoy soy maestra. Como dice la Palabra: *"Oye, hijo mío la instrucción de tu padre, y no abandones la enseñanza de tu madre"*. **Proverbios 1:8.**

"Sabiduría, ante todo; adquiere sabiduría; y sobre todas tus posesiones adquiere inteligencia es lo mejor que puedes hacer". **Proverbios 4:7.**

El escuchar el consejo nos hace sabios, pues, la sabiduría es corona de hermosura a nuestra cabeza. (Proverbios 4:9-10)

Capítulo 2
Mejor les hubiera sido no haber conocido el camino
2 Pedro 2:21

Lamentablemente tengo que decir que esta entrega y devoción de mi padre no duró mucho; creo que no supo tener un balance en su vida espiritual y secular. Pasaba mucho tiempo en el estudio de la palabra, no dormía lo suficiente y esto causó que mi padre comenzara a perder sus facultades. Olvidando así lo que dijo el sabio Salomón: *"Vanidad de vanidades todo es vanidad"*. **Eclesiastés 3**.

No que la palabra de Dios sea vanidad, sino por no saber distribuir su tiempo positivamente entró en desequilibrio. Es necesario conocer nuestros límites, saber que todo tiene su tiempo, aún todo lo que se quiere debajo del cielo.

Esto afectó a la familia, por la inestabilidad que causó. Aun así, mi padre trató de seguir sirviendo al Señor por unos años más. Más tarde, decidió mudarse a Puerto Rico, al pueblo de San Sebastián. El cambio nos afectó a todos, estamos acostumbrados a vivir bien, me refiero a tener las necesidades básicas y, por ese entonces, carecíamos de techo seguro, agua y alimento.

Mi padre nos mintió haciéndonos creer que nuestra casa propia estaba lista, pero no era así; solo quería tener a su familia cerca. Tuvimos que dividirnos en casas de hermanos desconocidos. Mis hermanas mayores fueron a vivir en hogares distintos en otros pueblos. Mi hermana pequeña y yo nos quedamos con nuestros padres. Ellos nos llevaron a unos bajos de una casa, la cual quedaba al lado de un corral de cerdos, era insoportable el mal olor y las condiciones en las que vivíamos a diario. Para mi sorpresa, nunca había visto las hormigas en el azúcar, los mosquitos eran tipo Drácula, gigantes cucarachas voladoras, las famosas lagartijas trasparentes, llamadas salamandras, estaban por doquier. Parecía que vivía una pesadilla.

Vivía aterrorizada, nunca había visto tantos insectos. Como si todo esto no fuera suficiente, los famosos coquíes con tanto alboroto, no me dejaban dormir. Me preguntaba cómo era posible que la gente pudiera dormir en Puerto Rico, era la isla del espanto a mi entender.

Mi padre se iba por la mañana a trabajar, y nos dejaba a nuestra merced, pasamos mucha hambre, todo por una decisión egoísta sin consultar con Dios. Por algo la

Palabra nos enfatiza que consultemos con Dios toda decisión que debemos tomar.

"Los pensamientos del diligente ciertamente tienden a la abundancia; más todo el que se apresura alocadamente, de cierto va a la pobreza. Amontonar tesoros con lengua mentirosa es aliento fugaz de aquellos que buscan la muerte". **Proverbios 21:5-6.** Una vez más la palabra de Dios no se equivocó.

En fin, cuando terminó la casa nos mudamos a vivir a un barrio de San Sebastián, llamado: Salto número dos. Este quedaba en una montaña y, por tal razón, había mucho problema con el agua. Lo que hacía necesario que mi padre tuviese una camioneta para cargar agua en recipientes. Fue ahí donde tuve el privilegio de conocer a los murciélagos; estaban a la orden del día durante la noche. Recuerdo nuestros gritos al ver entrar a los murciélagos, estábamos aterrorizadas. La casa era de cemento con techo de zinc, lo que era muy atractivo para los murciélagos.

Creo que no vivimos más de dos años en esa casa, las condiciones de vida eran muy precarias. Debo admitir que la experiencia de vivir en un campo no fue del todo mala, mi padre logró hacer realidad algunas de sus fantasías al vivir y experimentar la vida de granja, para cual compró gallinas, cabras y hasta vacas. Animales con los cuales era divertido convivir.

Entonces, papá decidió mudarse al pueblo de Aguadilla, a una casa alquilada. Una vez llegado a Puerto Rico, dejó de congregarse y se apartó de la iglesia.

Toda la familia quedó apartada, ya que éramos niñas o adolescentes y no teníamos transporte, dependíamos de nuestros padres para trasladarnos hasta la congregación.

Lamentablemente esta palabra se cumplió en la vida de mi padre: *"Porque mejor les hubiera sido no haber conocido el camino de la justicia, que después de haberlo conocido, volverse atrás del santo mandamiento que les fue dado. Pero les ha acontecido lo del verdadero proverbio: El perro vuelve al vómito, y la puerca lavada a revolcarse en el cieno.* **2 Pedro 2:21-22.**

Tengo que reconocer que el apartarse de Dios, fue lo peor que mi padre pudo haber hecho, fue como una maldición para su vida y la nuestra. Volver al vómito no solo es un ejemplo evidente, sino que nos muestra como hombres y mujeres que tienen un gusto por la suciedad, los instintos casi animales y la terquedad de seguir por los caminos más fáciles, de experiencias superficiales que duran unos momentos pero que acarrean consecuencias lastimosas para quien las comete y para sus familias o entorno. El hombre no solo peca por tentación de Satanás y los demonios, peca porque tiene oscuridad no resuelta en su alma. Y por más reuniones, congresos, lectura y estudios bíblicos que realice, si no resuelve su oscuridad interna con una verdadera relación con Dios, tarde o temprano la hipocresía se cae y muestra lo que siempre fue. Solo un encuentro verdadero en intimidad con Dios, seduce al hombre y a la mujer a comprometerse para siempre con el Señor, a ese compromiso no lo logran las liturgias, ni las actividades de congregación.

Mi padre cayó de la gracia de Dios comenzando a beber y a pecar. Se enfermaba con frecuencia y arruinaba su salud y mente cada vez más. Nosotras, todas mujeres, comenzamos a sufrir viviendo con él. Dicho sea de paso, mi madre, pese a que ese tiempo fue muy malo, fue una muy buena esposa, cumplió con sus votos matrimoniales, estando con él en las malas y las buenas, en la salud y la enfermedad. Mi madre era una mujer virtuosa y abnegada, con mucho amor soportó a mi padre con su enfermedad y nos crio con mucho esfuerzo.

La Biblia dice: *"Mujer virtuosa, ¿Quién la hallará? Porque su estima sobrepasa largamente a la de las piedras preciosas"*. **Proverbios 31:10**

Papá era muy buen comerciante, tenía mucha labia y astucia para convencer en sus ventas. Era un "don" dado por Dios que antes había usado para convencer a muchos y sacarlos de su error trayéndolos al señor. Don de convencimiento con el cual logró persuadir a espiritistas, satanistas, sacándolos de su error y trayéndolos a los pies del Señor.

El único problema era que la iglesia a la cual él perteneció era una falsa doctrina. Pues, aunque los sacaba de sus falsas creencias, los introducía a una doctrina falsa o secta llamada: Testigos de Jehová.

Capítulo 3
Jehová es mi Pastor y nada me faltará
Salmos 23:1

Recuerdo que como mi padre era comerciante y éramos una familia de siete, todo escaseaba y con dificultad apenas alcanzaba para pagar la renta y su seguro social, lo que a su vez lo obligaba a rebuscárselas por otro lado. Eso nos costó que nos quitaran la única entrada que había en la casa por una investigación que le hicieron del seguro social.

La palabra dice que Dios no deja justo desamparado ni a su descendencia que mendigue pan. (Salmos 37:25). *"Porque en el evangelio, la justicia de Dios se revela por fe y para fe, como está escrito: más el justo por su fe vivirá"*. **Romanos 1:17.**

Ese año comencé a trabajar en *sección ocho* por empleo de verano, el gerente comenzó a entrevistarme preguntándome sobre mi familia, entonces le hablé sobre mi situación. Él me ayudó y les extendió a mis padres lo que cubría la renta del hogar. Sin contar que el año antes, el dueño de la casa, muy amablemente nos concedió vivir gratuitamente por espacio de un año hasta que mejorara nuestra realidad.

17

A la comida, la obtuvimos a través del bienestar público (cupones). Así sobrevivimos por dos años, y al terminar la investigación, le devolvieron el seguro social a mi padre.

Así pasaron los años y junto con mi hermana Sara decidimos ayudar a nuestros padres a construir su casa, les habían regalado una parcela en donde construir, y nos fuimos a trabajar en fábricas. Recuerdo que con solo diecisiete años me dirigí a una fábrica llamada "Masco", en la Base Ramey de Aguadilla. Entré a la oficina, pedí hablar con el gerente.

Él me preguntó por qué deseaba trabajar allí, y comencé a explicarle la razón. Mi mayor deseo era ayudar a mis padres a construir la casa en la parcela donada por el gobierno.

El gerente inmediatamente me contrató. Yo estaba muy feliz, no lo podía creer, mi única ayuda fue Dios y mi amor por mi familia. Aunque no contaba con experiencia previa en ese trabajo, mi Dios me había puesto en gracia con el gerente, era una niña ignorante pero muy valiente. Entiendo que el gerente quedó impresionado al ver mi humildad e ignorancia. Pero lo importante es que obtuve el empleo con el cual ayudé a mi familia a construir la casa.

Gracias a Dios y como se dice, en la unión está la fuerza. Mi hermana, mis padres y yo logramos nuestro cometido. Estábamos muy agradecidos de Dios, nunca más volvimos a vivir en casa alquilada.

Jeremías 17:10. *"Yo, Jehová, que escudriña la mente, que pruebo el corazón, para dar a cada cual, según su camino, según el fruto de sus obras".*

Una vez más el Señor hizo provisión para nosotros ayudándonos a obtener una de las cosas más necesarias para una familia, un techo seguro. Su palabra se hizo rhema en nuestra vida. *"No he visto a justo desamparado, ni a su descendencia que mendigue pan".* El Señor nos ayudó no importando que mi padre se hubiese apartado.

Tengo que reconocer que lo que nos ayudó fue nuestra fe y las oraciones que mi hermana Sara y yo levantamos al Señor para que nos sostuviera con Su mano, aunque el plan del enemigo era que continuáramos en escases, el plan de Dios era todo lo contrario.

El libro: "Dios viviendo dentro de Ti" (2002), nos deja ver que nosotros los hijos de Dios tenemos poder para destruir los planes y las obras del enemigo. En el mismo libro, se cita: "Todo plan de Satanás puede ser conocido y destruido.

También puede ser anticipado y frustrado. El nivel de intimidad con Dios, de sometimiento al Espíritu Santo, el nivel de sanidad interior y la preparación espiritual son elementos claves en los santos de Dios, para conocer, anticipar y destruir los planes del enemigo". **Génesis 11:7.**

Así como el Señor confundió las lenguas para el tiempo de la torre de Babel, para que el pueblo no pudiera lograr su cometido, así confundió a nuestros enemigos para que no pudieran hacernos mal.

La Biblia dice: **Génesis 19:13.** *"Vamos a destruir este lugar, por cuanto el clamor contra ellos ha subido de punto delante de Jehová: por tanto, Jehová nos ha enviado para destruirlo".*

Vemos cómo Jehová oyó el clamor de sus hijos en Sodoma y Gomorra a causa del pecado, y envió a sus ángeles a destruir las ciudades y sus habitantes. También los ángeles tuvieron que azotar a los hombres con ceguera para evitar que entraran por la fuerza a la casa de Lot.

De esta manera, queda comprobado que Jehová escucha el clamor de sus hijos y frustra el plan de destrucción para sus vidas.

El libro: "Dios viviendo dentro de Ti", relata cómo la adoración y alabanza en un culto se vio frustrada y el pueblo quedó desanimado. La escritora relata que inmediatamente pudo ver en el espíritu que había un ataque, y de inmediato detuvo la alabanza, llamó al pueblo a orar y a adorar, y de repente todo se calmó, y el devocional fluyó con libertad. La iglesia y el pastor deben tener discernimiento para poder contrarrestar todo ataque del enemigo. La iglesia tiene el poder para echar fuera a los demonios.

Al pasar el tiempo, a la edad de sesenta años, mi padre sufrió varios derrames cerebrales a causa de medicamentos recetados. Estos derrames le causaron parálisis del lado derecho de su cuerpo dejándolo postrado en cama por espacio de ocho años. Aunque mi padre se reconcilió con el Señor a través de nosotras, sus hijas, murió y partió a morar con el Señor siendo salvo, cosa que Dios le reveló a mi hermana menor mediante una visión.

Doy gracias a Dios por la vida de mi padre y por haberle extendido su misericordia a través de la salvación. Hay muchísimo más que contar de mi vida junto a mi padre, pero solo deseaba hablar de las cosas que más me inspiraron. La vida de mi padre podría ser una gran novela con todas sus historias.

Capítulo 4

No toquéis mis ungidos, ni hagáis mal a mis profetas

Salmos 105:15

En este capítulo comenzaré a relatar cosas de mi vida en general, desde niña a adulta. Con la experiencia que tengo ahora, puedo ver con claridad que cuando Dios tiene propósitos con una vida, el enemigo se levanta para evitarlo.

A la edad de seis años, asistía a una escuela en Estados Unidos, en el estado de Rochester, New York. Mi hermana Esther y yo asistíamos a la misma escuela, la que tenía una calle muy concurrida al frente. Todos los días teníamos que cruzar por ella con la ayuda de un guardia escolar.

Un día, mi hermana Esther y yo habíamos llevado dinero a la escuela y queríamos comprar dulces en una tienda al lado de la misma. Cuando salimos de la escuela, al disponernos a cruzar, no se encontraba el guardia. Por lo que nos asustamos y no sabíamos cómo hacerlo, ya que venían carros a gran velocidad. Decidimos cruzar y al estar ya casi al otro lado, un carro a alta velocidad se acercó y lo que nunca imaginamos que sucedería, sucedió.

• • •

Mi hermana creyó que si me empujaba llegaría a la acera antes de que el auto me impactara. Sus cálculos fallaron y el auto me impactó. Esther y yo sufrimos daños. Cuentan personas que estuvieron allí que era un gringo y que él nos vio, pero dijo: "ellas se metieron allí".

Dicen que por el impacto salí volando y quedé inconsciente. El impacto nos causó mucho daño y mi pierna quedó fracturada. Puertorriqueños que estaban presentes y vieron todo, dijeron que fue por causa de racismo. Ellos estaban tan molestos que querían linchar al conductor, por lo que tuvo que irse de huida.

Pero como se dice: "No hay mal que por bien no venga". Y la palabra dice que, "todas las cosas obran para bien a aquellos que aman al Señor. Romanos 8:28. No morí, sobreviví para contarlo. El dinero de la demanda impuesta al que nos atropelló se utilizó para ayudar a mis padres a construir su casa. También, compré mi primer auto a los diecisiete años, con el cual asistía al trabajo. Este incidente horrible se convirtió en una bendición para toda la familia.

Recuerdo otro episodio en el que, en un día de paseo en un río, mis padres nos perdieron de vista, descuidando a sus cinco hijas. Niñas traviesas y curiosas, y como dice un refrán: "La curiosidad mató al gato". Una amiga de mis hermanas nos convenció de nadar hasta una jaula en ese río. Todas queríamos llegar a la jaula, y decidimos nadar hasta ella. Olvidamos que no sabíamos nadar y la jaula quedaba en la profundidad. De todos modos, decidimos aventurarnos ignorantes de lo que nos esperaba. Comenzamos a adentrarnos en fila india, de pronto nadie pudo pisar suelo y comenzamos a ahogarnos todas. Ni el salvavidas del lugar se percató. Tal parece que jugábamos al sube y baja, una a la otra nos hundíamos tratando de salvarnos.

Mi hermana mayor era la más baja en estatura, y quedó debajo del agua caminando en la superficie terrestre bajo el agua, ya que nosotras no le permitimos subir. Ella decidió caminar por debajo del agua para salvarnos, y logrando salir cogiendo aire para luego hundirse de nuevo. Diciéndose a sí misma: "Debo salvar a mis hermanas". En una de las ocasiones que logró salir a flote clamó a Dios diciendo: "¡Jehová ayúdame!

No sabemos cómo, pero al instante de ella clamar todas salimos del río y ninguna pereció.

La Biblia dice: *"Clama a mí, y yo te responderé, y te enseñaré cosas grandes y ocultas que tú no conoces"*.

Jeremías 33:3. El amor y la fe de mi hermana nos salvó de la muerte.

La Palabra de Dios dice en **Efesios 6:12-13.** *"Porque no tenemos lucha contra sangre y carne, sino contra principados, contra potestades, contra los gobernadores de las tinieblas de este siglo, contra huestes espirituales de maldad en las regiones celestes. Por tanto, tomad toda la armadura de Dios, para que podáis resistir en el día malo, y habiendo acabado todo, estar firmes".*

Es por eso que todo hijo de Dios debe estar revestido de la armadura de Dios para que con ella pueda vencer y estar firme en los momentos malos en donde es atacado por la maldad.

El libro: "El campo de batalla de la mente" (2007), nos habla de que nuestras emociones son ataques del enemigo y que, así como acabamos de leer, nuestra lucha no es contra personas, sino contra Satanás, el padre de la mentira (Juan 8:44). Satanás utiliza frases para engañarnos, por ejemplo: "no necesitas escuchar a tus padres, ni a líderes ni a todas esas personas que intentan decirte cómo vivir".

Te dirá: "míralos, son hipócritas, ineptos. Mira sus defectos y sus contradicciones. Esta es tu vida, vívela". Es por eso que debemos tener claro que el campo de batalla es nuestra mente, nunca olvidar que el enemigo opera en nuestros pensamientos para que hagamos su voluntad y no la de Dios.

Con estas anécdotas, solo quiero hacerles entender que cuando Dios tiene propósitos con una vida, el enemigo se levantará para tratar de entorpecer el plan del Señor en sus vidas. Pues, mi familia fue llamada al ministerio pastoral. Dios llamó a las cinco hermanas como pastoras y por lo tanto los cuidados sobre el propósito divino tenían y tienen que ser muchos.

En una ocasión, cuando aún no era pastora, solo creyente, Dios me uso para profetizar sobre mis hermanas. Recuerdo que les dije: "el Señor me dice que somos cinco pastoras". Ellas se rieron y me dijeron que estaba loca, que ellas no eran pastoras. Les dije que el Señor nos llamaba al pastorado.

Palabra que nadie creyó, pero por estos tiempos se hizo realidad.

Actualmente cuatro hermanas pastoreamos, y una se niega. Si un profeta habla por boca de Dios, de cierto se cumple.

Como dice en **Deuteronomio 18:22** (NBV). *"Si lo que ese hombre a profetizado no ocurre, no es el Señor quién ha dado el mensaje".*

"Porque en el evangelio la justicia de Dios se revela por fe y para fe, como está escrito: más el justo por su fe vivirá". **Romanos 1: 17**.

Capítulo 5

Si lo que ese hombre a Profetizado y no ocurre, no es el Señor quien ha dado el mensaje

Deuteronomio 18:22.

Como mencioné en otro capítulo, vengo de una familia de cinco mujeres con nombres bíblicos: Martha, Sara, Esther, Ruth y Esmirna. Cuando un padre bendice a sus hijos con la semilla de la palabra de Dios, cosas sorprendentes suceden. Imagino que por la mente de mi padre nunca pasó el que sus cinco hijas tenían un llamado pastoral. De lo que sí estoy segura, es de que mi padre oró pidiendo la bendición de Jehová sobre sus hijas y nos entregó al Señor desde nuestro nacimiento.

La palabra de Dios promete esta bendición, gracias a esa palabra que dice: *"Yo y mi casa serviremos a Jehová"*. **Jeremías 24:15.**

Estoy segura de que mi padre tuvo que haber hecho suya esta promesa proclamándola sobre su cimiente. Por tal razón, todas mis hermanas le sirven al Señor y son profesionales, pues, todas somos maestras y cuatro somos pastoras.

En mi familia, la profesión que más abunda es el pastorado. Por parte de mi madre, tenemos pastores de generación en generación, o sea, abuelos, padres, hijos, tíos y primos o primas pastores y pastoras. Por parte de mi padre, tengo ministros de la palabra de Dios, pero que nunca ejercieron el pastorado como tal, aunque estoy segura de que fueron llamados a lo mismo.

Aunque por lo menos en mi familia esto no fue siempre así, recuerdo que al apartarse nuestro padre y nosotras al ser niñas o adolescentes también quedamos apartadas no por voluntad propia.

Pasaron los años, crecimos, estudiamos, nos casamos y tuvimos hijos, pero continuábamos apartadas de Dios, viviendo vidas dirigidas por nuestro propio yo. Nuestros matrimonios tenían muchos problemas, no éramos felices.

Yo era la consejera familiar, a diario mis hermanas me contaban sus problemas y las aconsejaba muchas veces; los consejos funcionaron, pero otras veces todo se tornaba peor y yo sufría por culpabilidad, porque había sido yo quién las aconsejaba. Me prometí no volver a aconsejar a nadie presentándole la solución o por lo menos no decirles qué hacer. De esta forma, ya no saldrían lastimadas si las cosas no salían bien.

Para ese tiempo, no le servíamos al Señor, viviendo nuestras vidas a la manera que se nos ocurría. Pero mi padre invitó de nuevo a los testigos de Jehová a darnos estudios bíblicos. Como aún estaba soltera y vivía con mis padres, tuve que comenzar a estudiar con ellos. Era novia de mi esposo actual y teníamos planes de casarnos.

A lo que, los testigos de Jehová objetaron diciendo que no se podía hacer yugo desigual; pero como yo estaba apartada y era quien gobernaba mi vida y no Dios, decidí dejar de estudiar con ellos para casarme, ignorando lo que estaba estipulado en **2 Corintios 6:14.** *"No unáis en yugo desigual con los incrédulos: Porque ¿qué compañerismo tiene la justicia con la injusticia? Y, ¿qué comunión la luz con las tinieblas?*

Aunque mi esposo no era un hombre malo, no le servía a Dios. Es más, venía de otra religión que a todos les agradaba, ya que todo estaba permitido. Peor aún, porque él nunca asistía. Comencé a trabajar en una fábrica, continué estudiando, me casé y cuando cumplí veinte años de edad, comencé a sentir necesidad de Dios en mi vida, de retomar lo que había dejado atrás.

Dios me llevó a hacer amistad con jóvenes cristianos que comenzaron a hablarme de Cristo. Me invitaban a sus casas a comer o salíamos a almorzar, pero la música cristiana me molestaba. Luego Dios utilizó a mis hermanos pentecostales para traerme al redil. Estos, aunque nunca fueron a mi casa, a través de cultos en los hogares y a través de las alabanzas, lograron capturar mi atención.

Comencé a sentir un gran vacío, anhelaba los cultos, ya que en la intimidad de mi cuarto escuchaba y adoraba a Dios. Es así que Dios comenzó a tratar conmigo, a mostrarme su amor y a llenar mi vacío interior. Fue así, en la intimidad de mi cuarto, donde entendí que el vacío solo Dios lo podía llenar.

Decidí comenzar a asistir a la iglesia, pero un gran temor no me lo permitía. Pero como dicen las Sagradas Escrituras: *"El perfecto amor de Dios echa fuera el temor.* **1 Juan 4:18.**

Cobré valor, y di un paso de fe al hablar con mi amiga Carmen; le pedí que me buscara para asistir a la iglesia, y así lo hizo. **Josué 1:9**, dice: *"Mira que te mando que te esfuerces, no temas, no desmayes porque Jehová tu Dios irá contigo donde quiera que vayas".*

Amigo, muchas veces ese temor que te paraliza de hacer la voluntad de Dios, es estimulado por el enemigo, pues, lo menos que el diablo desea es que seamos salvos.

"La bendición de Jehová es la que enriquece y no añade tristeza con ella". **Proverbios 10:22**.

Así que cuando en tu vida enfrentes temor por servir a Dios, reclama la palabra de Dios para tu vida, verbalízala en voz alta, y ella cobrará vida en tu realidad diaria por la fe.

Me congregué y continué asistiendo sola a la iglesia, ya que tenía transportación. Gracias doy a Dios por esos amigos cristianos que puso en mi camino para llevarme de regreso al redil. Gracias a ellos tengo un buen pastor que guía en los pasos que doy, y cuida de mí.

Así pasaron los años, y durante este tiempo, Dios me puso como consejera de mis hermanas.

Tenían muchos problemas, y solo las aconsejaba diciéndoles que buscaran a Dios, que solo él tenía la solución a sus problemas.

Tanto fue así, que poco a poco todas mis hermanas comenzaron a rendir sus vidas a Dios. Hoy, todas perseveran en el camino del Señor junto a sus esposos y familias.

Capítulo 6
La bendición de Jehová es la que enriquece y no añade tristeza con ella
Proverbios 10: 22

El Señor hizo eso mismo conmigo y con mis hermanas, pues se llevó la pobreza y junto con ella toda tristeza. Jesús tomó su lugar en nuestros corazones y en nuestras casas. No éramos ricos, pero vivíamos muy bien. Todas estudiamos, nos hicimos profesionales, todas maestras y trabajábamos, lo que nos permitía tener nuestras propias casas y vivir bien.

Muchos que nos conocieron no podían entender cómo las hijas de Manuel Feliciano "El Loco" (sobrenombre puesto a mi padre por los del barrio), pudieron salir adelante y realizarse exitosamente. A lo que puedo contestar por la Palabra de Dios citando: **Hebreos11:6.** *"Pero sin fe es imposible agradar a Dios, porque es necesario que el que se acerca a Dios crea que le hay, y que es galardonador de los que le buscan".*

Una vez más Dios bendijo nuestras vidas porque lo pusimos a él en primer lugar, lo invitamos a nuestras vidas. Y como dice Su palabra, Dios no dejará a justo desamparado ni a su cimiente que mendigue pan. (Salmos 37:25).

Sé que no es pura casualidad el que estés leyendo este libro, sino que hay propósito de Dios en que lo leas y entiendas que cuando edificamos nuestras casas sobre la roca inconmovible que es Dios, nunca caerá. No importa que vengan las tormentas, los terremotos y los tsunamis, nuestras casas prevalecerán. Y no me refiero a nuestras casas de techo, sino a nuestros cuerpos, que son el templo donde Dios habita.

Claro que él guardará en perfecta paz a aquellos que le aman y aun todas las cosas obrarán para bien a aquellos que aman al Señor. (Romanos 8:28) *"Y sabemos que a los que aman a Dios, todas las cosas ayudan a bien, esto es, a los que conforme a su propósito son llamados".*

Entonces, ¿por qué temer acercarnos a él cuándo nada tenemos que perder? Por el contrario, lo tenemos todo por ganar. El promete vida y vida en abundancia para aquellos que le busquen y sirvan en espíritu y verdad. La Biblia dice: *"En verdad, quien me encuentra halla la vida y recibe el favor del Señor".* **Proverbios 8:35.**

En Juan 10:28, Jesús dijo: *"Yo les doy vida eterna, y nunca perecerán, ni nadie podrá arrebatármelas de la mano, mi Padre, que me las ha dado, es más grande que todos; y de la mano del Padre nadie las puede* arrebatar". El Padre y yo somos uno. ¡Wow! ¡Qué poderosa promesa nos ha dado Dios! Padre o madre que estás leyendo este libro, no pierdas la esperanza de que tus hijos vengan al camino de Dios. Sí, al igual que mi padre y muchos otros padres clamaron por sus hijos, muchos en vida y otros después de muertos lo han logrado, tú también lo puedes lograr, pero lo importante es que Jehová es fiel a su palabra, y sus promesas él cumplirá.

Poderoso es Dios para hacer cumplir tu petición y su palabra. Pues nada hay imposible para Dios. Escrito esta: *"Tuyos son, Señor, la grandeza y el poder, la gloria, la victoria y la majestad. Tuyo es cuánto hay en el cielo y la tierra. Tuyo también es el reino, y tú estás por encima de todo".* **1 Crónicas 29:11.**

Puerto Rico está viviendo momentos difíciles donde las vidas están asustadas, llenas de temor por los terremotos ocurridos en este año 2020. Algo nunca visto en nuestra isla. Muchos han perdido sus viviendas por haber colapsado. Otros, las abandonaron porque tienen grietas y no son seguras o por temor de que puedan colapsar en cualquier momento, por eso han optado por abandonarlas o vivir cerca de ellas en carpas y no en sus casas.

Muchos se niegan a abandonar sus pertenencias, alegando que no están dispuestos a perder lo poco que les queda y han optado por quedarse aun cuando sus vidas corren peligro. Muchos han decidido abandonar la isla por temor a perder sus vidas. No puedo negar que también me he asustado por los temblores, dado a que no es algo normal, aunque vivo en el oeste donde las réplicas no han sido tan fuertes como para que nuestras viviendas colapsen. Puedo imaginar el temor y la incertidumbre que viven mis hermanos puertorriqueños. Lo que sí no entiendo, es el apego por sus cosas materiales a tal grado que muchos siguen en ellas aun habiendo colapsado o habiendo sufrido daños donde han sido evaluadas como inservibles y área de alto riesgo. Triste por decir, que han puesto su corazón en sus pertenencias materiales y se han olvidado de sus vidas. Porque como dice un refrán: "mientras haya vida hay esperanza". Pero ellos dicen que ya no hay manera de volver a levantarse y recuperar todo lo perdido. Me entristece en gran manera esto y mientras escribo lloro al imaginar lo que les ha tocado vivir a mis hermanos. Aun así, creo que la vida es primero y que todo se puede volver a tener, pero la vida no. Sobre todo, que nuestra confianza debe estar puesta en nuestro Dios, creyendo y entendiendo que él es quien nos ha dado nuestras pertenencias y lo volverá a hacer si le creemos. Así como lo hizo con Job lo hará con nosotros.

Pues, el único objetivo de Dios era probar la fidelidad y fe de su siervo Job.

Esto me recuerda a la mujer de Lot cuando Dios les dijo que salieran y no miraran atrás, que no añoraran lo que habían dejado, pero ella no hizo caso, tal vez la curiosidad la invadió o su apego por sus pertenencias la hicieron desobedecer y mirar atrás; lo que causó que se convirtiera en una estatua de sal. (Génesis 19) Lo mismo les pasará a muchos que son desobedientes ignorando a Dios y su palabra, lamentablemente no perderán solo sus pertenencias, sino también sus vidas.

Así como la mujer de Lot, aunque no convirtiéndose en estatua de sal, sino que irán al lago de fuego que es el infierno. Muchos hemos mantenido la calma y hemos decidido poner nuestra confianza en Dios y no en las circunstancias que nos rodean, sabemos que todas estas cosas son señales del fin del mundo. Lucas 21:11, nos dice: *"Y habrá grandes terremotos y en diferentes lugares hambre y pestilencias; y habrá terror y grandes señales del cielo"*.

Entiendo a cada persona que está desesperada y respeto sus decisiones, pero lo que ellos no entienden es que esto es algo mundial, o sea, que a donde quiera que vayan sucederán estas cosas.

Lo importante es mantener la calma y creer en la palabra y el poder de Dios.

• • •

"Yo soy el Señor, Dios de toda la humanidad. ¿Habrá algo imposible para mí?" **Jeremías 32:27.**

Ellos tampoco entienden que para nuestro Creador no hay nada imposible y que él tiene nuestras vidas en sus manos, y nuestro futuro ya ha sido trazado por él desde el principio de la creación. Como si no fuera suficiente, ahora también nos ha tocado el coronavirus. Ya comenzaron a llegar personas a nuestra isla con este virus mortal. Algunos turistas y otros residentes que vienen de afuera de los Estados Unidos. Las vacunas han aplacado la enfermedad, pero el daño que ha causado, es irreparable; muchas vidas perdidas, la economía del mundo golpeada. En China y alrededor del mundo han muerto muchos, y personas claman por oración para que el Señor los ayude. Estas son las plagas de las cuales la Biblia nos advierte para tiempos finales. Solo nos queda encomendarnos a Dios y repetir las palabras de Pablo cuando dijo: *"Porque para mí el vivir es Cristo; y el morir es ganancia".* **Filipenses 1:21.**

Vivir día a día es todo lo que podemos hacer, ya que sabemos que, así como el Señor permite estas cosas, así también dará la salida. La palabra nos dice: *"No han sufrido ninguna tentación que no sea común al género humano. Dios es fiel, y no permitirá que sean tentados más allá de lo que puedan aguantar. Más bien, cuando llegue la tentación, él les dará también una salida a fin de que puedan resistir".* **1 Corintios 10:13.**

La Biblia también nos dice que juntamente con la prueba vendrá la salida. Solo nos queda refugiarnos en las promesas del Señor. El Señor nos promete que ningún arma forjada contra ti prosperará. (Isaías 54:17). En Salmos 91:10-11, dice: *"No te sobrevendrá mal, ni plaga tocará tu morada. Pues a sus ángeles mandará acerca de ti, que te guarden en todos tus caminos".*

¡Qué hermosas promesas encontramos en Su Palabra! ¿Para qué vivir desesperados? ¿Para qué vivir atemorizados? Si nuestro Dios ha prometido cuidar de nosotros. Mejor descansemos en su palabra verbalizándola para que cobre poder en nuestras vidas.

Proverbios 18:21, dice: *"La muerte y la vida están en el poder del lenguaje. Y el que ama comerá de sus frutos".* Confesemos vida y no muerte sobre nosotros. El mundo se ha vuelto un lugar difícil para vivir, todos andan con temor de contagiarse algún mal. El uso de mascarilla y guantes es obligatorio en la mayoría de los países del mundo, para entrar en supermercados y locales que estén laborando. Las escuelas estuvieron cerradas como nunca antes se vio. La gran mayoría de las empresas estuvieron erradas, sobreviviendo como pudieron, o adoptando nuevas herramientas tecnológicas para seguir trabajando. El desempleo ha aumentado en gran manera y la economía está por el piso. Ya no hay diversión alguna que no sea tecnológica, porque el miedo de reunirse en muchedumbre, todavía está vigente. La libertad se vio frenada durante una histórica cuarentena mundial, y todos estuvieron aislados, con gran temor. Las familias carnales, así como las espirituales, sufrieron porque no podían reunirse, ni abrazarse o compartir como lo hacían antes. Todos han tenido que conformarse con llamarse por sus celulares.

En fin, este mundo ha cambiado y nosotros también. La nueva era está comenzando y el mundo se prepara para dos eventos, los cristianos para el rapto, y los inconversos para la llegada del anticristo. Es necesario reconocer que no hay mal que por bien no venga, porque a través de esta pandemia sí han muerto muchos, pero muchos han vuelto al redil del Señor, y eso sí que es una buena noticia.

La iglesia está volviendo al primer amor, y más que nunca están llevando el mensaje de salvación, predicando por las redes sociales que Jesús es la solución a nuestro problema.

Haga esta oración conmigo: "Padre, en el nombre de Jesús, proclamo que ningún arma forjada contra mi prosperará. Y que no sobrevendrá mal, ni plaga tocará mi morada. Tus ángeles mandarás cerca de mí, para que guarden en todos mis caminos.

Capítulo 7

Dichosos más bien, los que oyen la palabra de Dios y la obedecen

Lucas 11:28

Comencé a asistir a la iglesia llamada "Catacumba", con mi amiga Carmen y su esposo Fernando. Estuve perseverando en esa iglesia que luego cambió de nombre a "Megazoe". Recuerdo que tuve a mi primer hijo en esa iglesia. Mi esposo no me acompañaba a las reuniones, lo que me hacía más difícil asistir ya que tenía que llevar a mi hijo y él era sumamente hiperactivo; corría por toda la iglesia y yo detrás de él. Los hermanos me regañaban muchas veces, pensé en no regresar por tal motivo. Luego decidí hacer la voluntad de Dios y no la mía. Había prometido servir y ser fiel al Señor.

Estaba muy enamorada del Señor, al grado que sin saber me entrelacé con los dichos de mi boca, haciendo pacto con Dios a través de lo que verbalicé. Le dije que lo amaba tanto que si algún día quisiera apartarme de él que me quitara la vida. Pasaron diez años perseverando en el camino del Señor. Comencé a ver cosas que no estaban bien en la iglesia. Yo estaba disgustada, ya que en esa iglesia nunca sentí ser parte.

Uno de los problemas que observé era que había acepción de persona o preferencia. Había grupos a los cuales nadie podía entrar, por lo menos, a mí no se me permitían entrar. El pastor cometió adulterio y su esposa lo puso en disciplina por el resto de su vida, aunque lo perdonó. No veía manifestación alguna del Espíritu Santo, como don de lenguas, danza, profecías, sanidades, milagros o ministración en el Espíritu.

En fin, estaba escudriñando la palabra y se hablaba de todo esto, pero no veía nada. No se me daba parte en nada, hasta que llegó mi cuñado a la iglesia y, entonces le asignaron dirigir una célula en mi casa. A lo que accedo y termino dirigiéndola, porque él me la cedió a mí. Yo llevaba años en la iglesia, y él estaba recién convertido, aun así, le asignaron la célula. Pero Dios tiene siempre una agenda y en su agenda era prepararme para lo que sería mi llamado más tarde. Lo hice con mucho amor, entrega, dedicación y fue una experiencia maravillosa con Dios. Donde tuve el privilegio de escuchar por primera vez la voz de Dios audible.

Una noche, al terminar el estudio y estar tan feliz con el Señor agradeciéndole por haberme revelado algo del estudio que no entendía. Oí la voz de Dios audible diciendo: *"Que tu levantar y tu atardecer sean conmigo"*. Fue algo extraordinario para mí, supe que lo que hacía para él, sin mucho conocimiento, lo enorgullecía de mí.

El Señor me confirmó mi salida de la iglesia en la cual perseveré por once años a través de un sueño. En este sueño vi al pastor regañándome. La primera vez que me regañó, la voz de Dios le dijo: *"Estoy alrededor de ella como gigante poderoso"*. La segunda vez que me regañó, la voz volvió a repetir la misma frase: *"Estoy al alrededor de ella como gigante poderoso"*. La tercera vez que me regañó el pastor, la voz fue aún más fuerte y dijo: *"Te he dicho que estoy alrededor de ella como gigante poderoso y he sido yo quién la he removido"*.

Inmediatamente entendí que Dios me estaba moviendo de lugar y comencé a buscar otra iglesia. A todo esto, los pastores ni una llamada me hicieron. Oré mucho pidiéndole al Señor que me ayudara a conseguir la iglesia que él quería para mí. Le pedía que me mostrara todas esas cosas que leía en su palabra, que me permitiera ser parte de ellas. Visité tres iglesias, y en la tercera iglesia sentí como si siempre hubiese estado ahí, sentí amor y paz.

Observé personas danzando en el Espíritu, la pastora hablaba lenguas, las interpretaba y ministraba a las vidas. Inmediatamente me incorporaron dándome parte con las clases bíblicas de niños. Luego, al rogarle al Señor que me permitiera danzar, el Espíritu Santo me tomó y comencé a hacer como un trompo. Estaba muy asustada, nunca había experimentado nada igual. A la misma vez, estaba feliz de ver que Dios no solo me escuchó, sino que me complació.

Esa noche tuve la dicha de caer en reposo y poder escuchar el coro celestial. Fue una cosa fuera de lugar, cantaban: *"Hosanna, Hosanna bendito el que viene en el nombre del Señor".*

Estaba tan feliz que le pedí al Señor ir con él. Me levantaron unas hermanas, pensaron que algo me ocurría. Estaba en un éxtasis, embriagada de la presencia del Señor. Y para nada quería interrumpir esa experiencia única. Al estar junto a mi hermana menor Esmirna, le pregunté si en la congregación estaban cantando la alabanza que había escuchado, pero ella me dijo que no, que estaba loca. Entendí que Dios me había permitido oír el coro celestial. Y vaya mensaje que traía: *"Hosanna, Hosanna bendito el que viene en el nombre del Señor".* Es algo que nunca he podido olvidar. Cada experiencia vivida en esa iglesia me enamoraba más y más del Señor.

En esta iglesia, el Señor me llevó a experimentar todo lo que él dice en su palabra. El Señor me bautizó con su Espíritu Santo, me permitió danzar en el Espíritu, dar clase bíblicas y ser directora de danzas. Pero todo esto duró muy poco a causa de mi pastora y su esposo. El esposo de mi pastora aparentemente estaba envuelto en espiritismo y le metía mucho miedo a su esposa, diciéndole que todos querían hacerle daño; al grado que, si le regalaban algo, él se lo hacía tirar a la basura alegando que le querían hacer daño.

El Señor les decía a través de profetas que le construyeran casa, y el esposo de la pastora le decía que no se podía y la aconsejaba para que hiciera todo lo contrario a lo que Dios había dicho. Ella, entonces comenzó a escuchar la voz del hombre y no la de Dios. A su vez, Dios le dio un ultimátum, diciéndole que le daba una última oportunidad y que si no obedecía, la apartaría del servicio. Ella siguió ignorando la voz de Dios y las consecuencias fueron terribles. Terminó sola, sin iglesia y sin cordura.

Lucas 11: 28, dice: *"Dichosos más bien, contestó Jesús, los que oyen la palabra de Dios y la obedecen. Pues nuestro Dios pagará a cada cual, según sus obras, como también es Dios de amor y de fuego consumidor".*

La pastora perdió la cordura y me vi obligada a salir de la iglesia, ya todos se habían ido. Quedé muy herida al ver lo que le aconteció a mi pastora. Era una gran sierva de Dios, una mujer entregada a Dios y muy usada por él. Pero puedo entender que cuando somos desobedientes acarreamos maldición para nuestras vidas. Esta historia me recuerda a la historia del rey Nabucodonosor que, teniéndolo todo, lo perdió; aun la cordura, todo en un instante.

Esa iglesia llamada Maranatha fue muy especial, porque fue ahí donde Dios contestó mi petición de mostrarme, permitirme ver y experimentar sus dones. Tuve la oportunidad de conocer la manifestación del Espíritu Santo de Dios. Fue en esa iglesia que dancé en el Espíritu, fui ministrada por parte de Dios. Donde el Señor me mostró lo que tanto deseaba ver. Doy gracias a Dios por permitirme haber sido parte de esa iglesia y de conocer todos sus dones y talentos, con los cuales hoy puedo poner por obra mi llamado de pastora. Procurando ser obediente a Dios escuchando solo Su voz.

Capítulo 8

Y sabemos que a los que aman a Dios todas las cosas les ayudan a bien

Romanos 8:28

Después de todo lo vivido, y a mi parecer, cuatro años perdidos en mi antigua iglesia, aún seguía sin entender lo que había ocurrido con mi pastora y la congregación, quedando muy herida y defraudada. Me volví una dominguera, congregándome solo los domingos o cuando quería. Seguí congregándome por obediencia a la palabra de Dios, que nos manda congregarnos.

Comencé a asistir a una iglesia que quedaba por la calle detrás de mi casa. El pastor era un gringo llamado John Ruiz, me recibieron con amor y quisieron integrarme, pero me negué, alegando que estaba estudiando en la universidad mi maestría y no podía. Pero en realidad me negaba porque estaba herida y no quería trabajar más en la casa del Señor.

En esta iglesia pasaron cuatro años más, pero nunca me hice miembro ni quise participar o mucho menos integrarme. Mi hermana menor, siempre estaba conmigo y me acompañaba a toda iglesia que yo decidía visitar.

● ● ●

Ella sintió la necesidad de hacerse miembro de esta iglesia y quiso persuadirme. Le expliqué que no sentía que fuera el lugar para quedarme, ya que estaba acostumbrada a algo diferente. Un lugar con unción, milagros, en fin, manifestación del Espíritu Santo. Lo que lamentablemente no veía en esa iglesia.

Pensaba que Dios debía dirigirme, ya que sabía que debería consultar toda decisión con Dios. Así como dice:

"Y le dijeron, te rogamos que consultes a Dios para saber si el camino en que vamos será prospero. Y el sacerdote les dijo: Id en paz el camino en que andáis tiene la aprobación de Dios". **Josué 18:5-6.**

Si deseamos que la bendición de Dios nos arrope, debemos consultar con él toda decisión a tomar.

Años atrás había sufrido mucho a causa de una infidelidad de mi esposo. Recuerdo que perseveraba en la iglesia, pero él no me acompañaba porque no lo deseaba. Tenía mis dos hijos: Kevin y Brian. Comencé a notar a mi esposo distante, salía mucho y se tardaba. Casi no intimábamos porque él no lo deseaba. Me sospechaba algo, y me puse a orar. Pedí a Dios que me revelara lo que ocurría. Y Dios lo reveló.

El día menos esperado recibí una llamada de una mujer con celos, diciéndome que mi esposo le había dado por a otra mujer, y que a ella nadie le hacía eso. Me sorprendí grandemente de esto y le pregunté ¿quién era ella? Porque yo era la esposa, a lo que ella no contestó. En ese momento llegó mi esposo y lo confronté. Le dije que había una mujer al teléfono preguntando por él, y que me había contado que él le había dado por otra mujer. Le pregunté quién era esa mujer. Le dije que ella quería hablar con él. Él, asustado contestó la llamada y ella le colgó.

Esta infidelidad marcó mi vida grandemente. Esta experiencia negativa me ayudó perdonar, a darme cuenta de que realmente amaba a mi esposo. A entender lo que la palabra me dice, que el amor cubrirá multitud de pecados. Confieso que ese es el peor dolor que un marido puede causarle a su esposa.

Siendo cristiana, decidí perdonar; entendía que el enemigo estaba buscando destruir mi matrimonio, mi familia y a mis hijos. Ellos lloraban por su padre, ya que nos separamos por unos días.

Mi marido me pidió perdón, y le di otra oportunidad porque me di cuenta de cuanto lo amaba mucho.

También quise ser obediente a la palabra de Dios que dice:

"Por tanto, lo que Dios a unido que ningún hombre lo separe". **Marcos 10:9.**

Mi amor, mis valores cristianos, me llevaron a perdonar lo que dije un día nunca perdonar. Por eso, nunca digas de esas aguas no beberé. Cosa que me pasó con mi esposo en dos ocasiones.

Cuando fuimos novios, estando en la escuela superior, nos dejamos y juré nunca más volver con él. No solo volví con él, sino que me casé también. La palabra de Dios nos dice que tenemos que perdonar siete veces siete, aunque es más fácil decirlo que hacerlo, se puede hacer con la ayuda de Dios.

Eso me recuerda el testimonio de un pastor muy conocido en Puerto Rico, llamado Yiye Ávila. Él relató su testimonio donde tuvo que perdonar a su yerno por haber asesinado a su hija.

Lucas 11: 28, dice: *"Dichosos más bien, contestó Jesús, los que oyen la palabra de Dios y la obedecen". Pues nuestro Dios pagará a cada cual, según sus obras, como también es Dios de amor y de fuego consumidor".*

Su yerno era muy celoso, y en un arrebato de celos asesinó a su esposa.

El pastor comentó que no encontraba en su corazón cómo perdonar a aquel que le había hecho tanto daño. Yiye, entonces llevó a cabo un ayuno de cuarenta días, donde por fin Dios lo ayudó a conseguir perdonar a su yerno.

A su vez, viajó a los Estados Unidos para visitar en la cárcel a su yerno. Estando a en la cárcel frente a su yerno, le preguntó: ¿Por qué lo hiciste? Él le contestó que no recordaba nada, que cuando volvió en sí, fue como despertar de un sueño, pero con las manos llenas de sangre.

Yiye lo perdonó e hizo las pases con él. Pero cuenta que para lograr perdonar se metió cuarenta días en ayuno. El ayuno rompe cadenas y ataduras. Esto nos muestra que Dios nos da el poder para perdonar, así como él lo hizo con nosotros.

Sé que eso no es nada comparado con lo que yo tuve que perdonar. Pero, el que no perdona no es libre, vivirá aprisionado el resto de su vida. Todos hemos pecado de alguna manera, por lo tanto, la Biblia nos dice que es necesario perdonar.

Mateo 6:14-15. *"Porque si perdonáis al hombre sus ofensas, os perdonará también a vosotros vuestro padre celestial; más sino perdonáis a los hombres sus ofensas, tampoco vuestro Padre os perdonará vuestras ofensas".*

Mateo 18:21-22. *"Entonces se le acercó Pedro y le dijo: Señor, ¿cuántas veces perdonaré a mi hermano que peque contra mí? ¿Hasta siete? Jesús le dijo: No te digo hasta siete, sino aun hasta setenta veces siete".*

Capítulo 9

Por eso fueron llamados, porque Cristo sufrió por ustedes

Pedro 2:21

Cuando Dios pone la mirada sobre una persona, nada ni nadie puede impedirle usarlo. Nada podrá detener Su propósito para con esa persona. Dios llamó a mi hermana menor Esmirna, a su esposo Wigberto al pastorado; ella, a su vez me pidió que la ayude, y accedí. Comenzamos a trabajar, ella me nombró co-pastora de la iglesia. Juntos comenzamos a pastorear.

Dios estaba en el asunto respaldándonos. Mi hermana comenzó su iglesia en una pequeña casa de muñecas que preparó para su hija. Le pidió confirmación a Dios de su llamado para abrir la obra. Pidió una señal, la cual consistía en que si se llenaba la casita en la cual solo cabían diez personas, era de cosa de él, o sea, Dios había hablado.

Comenzamos nuestro primer culto y se llenó, no cabía la gente, se quedaron fuera de la casita escuchando la palabra.

Fueron ocho años de escuela con los cuales el Señor me permitió adquirir conocimiento. Jamás por mi mente pasó la idea de que pronto estaría pastoreando también.

• • •

En esos ocho años, vi la mano de Dios obrar en nuestra iglesia. Jóvenes convirtiéndose al evangelio y adquiriendo sabiduría en la palabra, recibiendo el bautismo del Espíritu Santo.

Dios comenzó a usarme en lenguas y ministración. Me encargaba de todo el orden de los cultos, la administración de recursos, y los problemas de los hermanos; todos venían a contarme sus problemas y yo los aconsejaba. También hablaba con mi hermana, la pastora, para ayudar a esos hermanos en necesidad.

Trabajamos con todo tipo de problemas personales y con personas con temas de salud mental, ya que el Señor le concedió un ministerio de AMSKA (Salud Mental). No fue fácil, ya que trabajamos en el mundo espiritual con los demonios. Porque esos enfermos estaban atados por espíritus de locura. Lo sorprendente es que de alguna manera Dios nos llevó a trabajar con personas que al igual que mi padre, padecían de sus facultades mentales.

Mi hermana y su esposo cedieron su hogar para recibir a estas personas, lo cual se convirtió en una gran bendición para ellos, tanto espiritual como material, ya que les pagaban por cuidar a estos pacientes.

Y aunque el trabajo no tenía precio, lo hicimos con mucho amor y Dios se glorificó. Hubo enfermos que llegaban dormidos, ni hablaban, pero luego comenzaban a hablar con coherencia y a orar como si nada. Era muy triste, porque la gran mayoría de estas personas eran profesionales que habían pasado por abandono, infidelidad o simplemente estudiaron mucho y perdieron la cordura.

Había otros que por sobredosis de drogas estaban así, o por duelo de pérdidas de seres queridos. En fin, fue un tiempo de escuela donde aprendí mucho.

Luego sucedieron cosas que no me agradaban. Comencé a ver que el amor al dinero era mayor que la obra de Dios. Y de alguna manera lo que nunca me había molestado en lo absoluto, comenzó a ser intolerable para mí.

Los pacientes con problemas de salud mental, estando en la iglesia se orinaban encima, y con el aire acondicionado se perfumaba toda la iglesia; esto nunca me había molestado. Pero por alguna razón comenzó a causarme nauseas, al punto de querer vomitar. Entendí que Dios me estaba sacando del lugar que tanto amé, y en donde había crecido mucho espiritualmente. Porque estuve trabajando todo el tiempo, no sentada, como acostumbran muchos. Aprendí que para crecer se debe trabajar para el Señor y su obra, pues solo así adquirimos sabiduría y conocimiento.

"Sabiduría, ante todo; adquiere sabiduría; Y sobre todas tus posesiones adquiere inteligencia".

Proverbios 4:7.

Fueron años para adquirir gran sabiduría e inteligencia. Toda experiencia y prueba sirvieron para ayudarme a crecer en la fe, en el trato con mis hermanos en la fe, y a desarrollar mayor madurez en el servicio al Señor.

Capítulo 10
Porque irrevocables son los dones y el llamado de Dios
Romanos 11:29

Muchos años antes de comenzar mi llamado como pastora, intenté apartarme de Dios. En la universidad donde estudiaba mi maestría conocí a un maestro que también estaba haciendo la suya. Comenzamos una linda amistad que término muy mal. Pues la palabra bien nos dice que nadie está exento al ataque del enemigo.

"Que el que crea estar firme, mire que no caiga".
1 Corintios 12:10.

Hasta los escogidos caerán o tropezarán. Lo que creí haber perdonado aún me atormentaba, esa infidelidad por parte de mi esposo, la cual años antes había sufrido. Lo que creí haber perdonado, se convirtió en mi caída de la gracia de Dios, al envolverme en el pecado del adulterio también.

Los matrimonios tienen que tener cuidado con las puertas que abren en sus vidas, ya que el enemigo se cuela con mucha sutileza y afecta a ambos, porque son una sola carne. (Génesis 2:24)

• • •

El pecado que uno alberga, lo pasa a su compañera o compañero. El enemigo te ciega y comienza a trabajar con tu mente. Te hace sentir como un mártir, atacando tus sentimientos. Luego te dice que se las cobres, que no es nada, que nadie te verá o lo sabrá. Pues él trabaja en el campo de batalla de nuestra mente.

No podemos bajar la guardia, dejar de orar, ayunar, leer la palabra y congregarnos. Pues estas son nuestras herramientas poderosas para vencer todo ataque del enemigo en nuestras vidas. Pero si nos descuidamos en estas áreas, seremos presas fáciles para el diablo.

"Pues la paga del pecado es muerte, más la dadiva de Dios es vida y vida eterna en Cristo Jesús Señor nuestro". **Romanos 6:23.**

Aunque no morí, pero si me enfermé de gastroenteritis y caí en una depresión a causa de haberle fallado a mi Dios. El pecado trae enfermedad a nuestro cuerpo. Cuando Jesús no condena a la mujer adúltera que todos querían apedrear, le dice vete y no peques más.

El adulterio es un pecado que trae enfermedad a nuestros cuerpos. Cuantas personas padecen de distintas enfermedades venéreas o se contagian con el VIH a causa de esta práctica.

Aunque este no fue mi caso gracias a Dios, el cargo de conciencia fue suficiente para apartarme de ese pecado. Pues no podía vivir una vida alejada de Dios y en pecado.

Recuerdo que un día mi hermana Esmirna, que era mi pastora, me llamó y me dijo que el Señor tenía un mensaje para mí urgente. Ella me contó que el Señor le había estado dando instrucciones específicas de qué hacer, por ejemplo: comprar miel y derramarla en las manos. Cuando llegué, ella comenzó a hablarme de parte de Dios, diciéndome: "El Señor me dio estas instrucciones para contigo". Tomó mis manos y las extendió, derramó la miel y me dijo: "¿Te traigo con cuerdas de amor o con cuerdas de dolor?" Tú decides.

La palabra nos dice: *"Con cuerdas humanas los conduje, con lazos de amor, y fui para ellos como quién alza el yugo de sobre sus quijadas, me incliné y les di de comer"*. **Oseas 11:4.**

No pude más con el pecado que me separaba de Dios. Pues mi Dios ocupaba un importante lugar en mi vida. Además, me recordó el pacto que en mi primer amor hice con él. Donde le pedí que me quitara la vida si algún día intentaba apartarme de él.

Sin saber lo que hacía, me entrelacé con los dichos de mi boca. Cosa que no entendí hasta ser confrontada por Dios años después, ante mi pecado y deseo de apartarme. Por lo cual doy gracias a Dios, porque de no ser así, no sé qué sería de mí por estos días.

Estas palabras vinieron a mi mente junto con una revelación que años antes había tenido con el Señor, al entrar en un ayuno.

En ese ayuno el Señor comenzó a hablarme y a mostrarme revelaciones. Recuerdo que me dolía la garganta y le dije: -"Señor, me duele la garganta". A lo que él me contestó: "-Ve a la nevera, busca miel y viértela en tus manos y lámela como si fueras una niña". Lo hice, y al instante el dolor de la garganta desapareció.

Dios había hecho sanidad en mí. Luego, comenzó a mostrarme una revelación donde veía mucha gente parada en fila esperando entrar a mi casa. Le pregunté a Dios: -"¿por qué hacen fila para entrar a mi casa? Dios, ¿qué buscan?" Él me contestó que esas personas habían sido muy heridas y que las traía para que recibieran sanidad. Que venían en busca de la mies que él me había dado.

Pasaron los años y salí prácticamente obligada del lado de mi hermana Esmirna. Y estando tres meses llorando encerrada en mi casa, pidiendo dirección, fui a congregarme para recibir palabra de Dios. En eso, voy a la iglesia del pastor Rubén Velázquez. Recuerdo que esa mañana invité a mi esposo a acompañarme, pero se negó y me molesté; me monté en mi guagua y dije estas palabras: "Aquí voy como una llanera solitaria, pero no me quedaré en mi casa".

Al llegar a la iglesia, observé que prácticamente todos los presentes eran mujeres. Creo que el pastor y otro hermano eran los únicos hombres en el culto. A lo que me dije en mi mente: "pues muy bien, soy una más del montón". Me quedé tranquila y de momento el pastor comenzó a predicar y para mí sorpresa, lo primero que mencionó fue: *"Tú estás como el llanero solitario, y estás como Elías en la cueva, pero Dios te dice que es tiempo de salir de la cueva. Eres profeta y tienes una palabra que muchos necesitan oír. ¡Sal de la cueva! ¡Dios está contigo!"*
Al instante supe que Dios me hablaba a mí y que no había sido casualidad que fuera esa mañana a esa iglesia. Había propósito de Dios y era necesario que me confrontara y contestara mi petición.

Otro día en la iglesia de mi hermana mayor, la profeta Denisse Pellot me habló de parte de Dios, y dijo que yo era su pastora, y que él me llamaba al pastorado. Visité muchas iglesias, pero no sentía el deseo de quedarme, pues Dios no me quería en ninguna de ellas.

Un día, el esposo de una amiga en la fe, fue a mi casa y le conté lo sucedido. Él me dijo: -"Abre una iglesia y comienza a pastorear". Le contesté: -"Pero, yo no tengo nada, no tengo equipo de sonido, ni sillas o pulpito". Él se fue, y como a la semana llegó con todo lo necesario; no pude reusarme y comencé con una célula, la que se llenó. Asistían mis estudiantes con sus padres, y de vez en cuando, algunos vecinos. Entendí que Dios me llamaba al pastorado. Vi que contaba con Su respaldo y el apoyo de estudiantes, amigos y compañeros de trabajo.

Durante mis años de pastorado, que no han sido muchos, pues este año cumplo cinco años ejerciéndolo. He vivido muchos momentos felices, otros no tan tanto. He visto que el pastor sufre mucho a causa de las ovejas o mejor dicho, "cabritas" en el redil. Que con sus acciones hieren al pastor con frecuencia. Al no sujetarse y hacer su voluntad y no la de Dios.

Debo recalcar que durante los ocho años en el que ejercí el co-pastorado, aprendí mucho, pero no fue hasta que fui pastora en propiedad, que comprendí cuán grande responsabilidad y maravilloso es el oficio del pastor.

He aprendido que nuestra confianza solo debe estar depositada en Dios, pues el ser humano nos falla siempre. El ser humano muchas veces no te agradecerá la ayuda que le brindas, pero Dios si te lo agradecerá y recompensará. O simplemente muchos te apuñalarán por la espalda. Habrá muchos enviados de Satanás que vendrán a hacer daño a la obra del Señor, creyendo que es al pastor como tal. Algunos solo vendrán por los panes y los peces. Tendrán intereses ocultos o sea para ver que pueden obtener de ti.

Por algo él nos dice en su palabra: **Colosenses 3:23-24.** *"Hagan lo que hagan, trabajen de buena gana, como para nadie en este mundo, conscientes de que el Señor los recompensará con la herencia. Ustedes sirven a Cristo el Señor".*

Así que aprendí que lo que hago, lo hago por y para Dios, y así evito ser herida.

Esta experiencia vivida en lo personal, me ha llevado a entender a mis ovejas cuando pecan, y a no juzgarlas, sino a corregirlas con amor, sabiendo que yo no soy perfecta y que también he caído. Pues el pastor debe procurar conocer a sus ovejas para poder descubrir su estado y poder brindarles la ayuda necesaria.

El doctor Kevin Leman, en el libro: "A la Manera del Pastor" (2005), hace referencia a la importancia de que un pastor conozca a sus ovejas una a una, individualmente. Es necesario que el pastor se ocupe de las ovejas de manera regular y las escuche cuando le hablan. Leman, presenta siete principios antiguos para guiar personas productivas. Los siete principios son:

- *Conocer la condición de su rebaño.*
- *Descubrir el estado de sus ovejas.*
- *Ayudar a sus ovejas a identificarse con usted.*
- *Hacer que el lugar de pastoreo sea seguro.*
- *La vara de dirección.*
- *El cayado de corrección.*
- *El corazón del pastor.*

Este libro facilita el entender la labor del pastor y sus deberes para con sus ovejas. El autor nos presenta la manera que un pastor tiene de ver con su corazón, su carácter, sus prioridades, y cómo debe cuidar a sus ovejas con sabiduría.

El pastor debe imitar a Jesús, buscando a los necesitados y a los enfermos. Pues, Jesús los sorprendía cuando les comentaba todo acerca de ellos, logrando así que quisieran convertirse en sus discípulos. Esto me recuerda a la mujer samaritana a la cual Jesús le pidió agua. (Juan 4:16-19) Jesús le dijo: *Ve, llama a tu marido, y ven acá. Respondió la mujer y dijo: No tengo marido. Jesús le dijo: Bien has dicho: No tengo marido; porque cinco maridos has tenido, y el que ahora tienes no es tu marido; esto has dicho con verdad. Le dijo la mujer: Señor, me parece que tú eres profeta.*

Jesús conocía toda la vida de la mujer Samaritana. Eso fue suficiente para que ella creyera en Jesús y enseguida comenzó a predicar de Jesús a todos.

El Señor conoce todo de nosotros, nada le es oculto, es por eso que dijo: *"Mis ovejas me conocen, mis ovejas oyen mi voz, y yo las conozco, y me siguen, y yo les doy vida eterna; y no perecerán jamás, ni nadie las arrebatará de mi mano".* **Juan 10:27-28.**

Es importante que el cristiano o la oveja sepa que pueden engañar a su pastor terrenal, pero nunca al celestial. Pues su palabra dice que los ojos del Señor están en todas partes observando a los malos y buenos. (Proverbios 15:3) Debemos conocer que nuestro Dios es omnipotente, omnisciente y omnipresente.

Omnipotente, significa: Todopoderoso.

Omnisciente, es el estado de tener conocimiento total, o sea, la cualidad de saberlo todo.

Omnipresente, es la capacidad de estar presente en todas partes simultáneamente. Lo cual significa que Dios siempre está presente en todo lugar.

Estos son los atributos de nuestro Dios. El ser humano nunca logrará a dimensionar lo grande que es Dios.

Capítulo 11
Jesús, el buen Pastor
Juan 10:1

La vocación del ministerio cristiano ha de considerarse como un llamado a una profesión. Puedo decir que mi profesión de maestra a nivel secular, me ayudó mucho en mi nueva profesión pastoral. Ya que tuve la oportunidad de evangelizar a mis estudiantes durante esos 30 años. Hice un hábito de todos los años evangelizar a mis estudiantes. Logrando que muchos se reconciliaran con el Señor, otros lo aceptaran como su salvador. Pude sacar a muchos de su pecado al hablarles de Dios y de lo que el Señor considera pecado.

He aprendido que fue Dios quién me escogió a mí y no yo a él. El Señor Jesucristo dijo: *"No me elegisteis vosotros a mí, más yo os elegí a vosotros"*. **Juan 15:16.** A Saulo de Tarso, le dijo: *"Para esto te he aparecido, para ponerte por ministro y testigo"*. **Hechos 26:16.**

El Apóstol Pablo entendió este importante principio, ya que pudo verbalizar: *"Dios, que me apartó desde el vientre de mi madre, y me llamó por su gracia a revelar a su Hijo en mí, para que le predicase entre los gentiles, luego no conferí con carne y sangre"*. **Gálatas 1:15-16.**

Entiendo que el Señor a propósito utilizó mi antigua profesión para prepararme para mi nueva profesión como pastora, aún desde el vientre de nuestras madres, él nos escoge.

He entendido la responsabilidad como encargada de una viña. Me identifico con lo dicho en el libro titulado: "Pastores Del Rebaño" (2016). Todas las designaciones escriturales para el ministro del evangelio implican responsabilidad solemne a Dios y al hombre, ya sea profeta, sacerdote, siervo de Dios, ministro o hombre de Dios, encargado de una viña, obispo, ángel de la iglesia, pastor y cuidador del rebaño de Dios. Pues, él los llamó a una gran vocación, a una designación suprema, a una obligación gloriosa, la cual le pertenece al que escucha el llamado divino.

Estos años han sido de gran bendición para mi vida. Dios me ha permitido conocer a muchas personas, a las cuales he llegado a amar, porque han sido de bendición para mi vida. He vivido momentos importantes donde he podido servir el pan de vida, dar a conocer el amor de Dios a muchos a través de su palabra. Dios, a su vez, me ha dotado de conocimiento, dones y talentos que no sabía que tenía, con los cuales he podido ser de gran bendición para muchos. He vuelto a ser maestra, pero de la enseñanza de bíblica, la palabra de Dios. Lo que, a su vez, tengo que decir que me llena de gozo y gran satisfacción.

He reído, me he gozado, pero también he sufrido y he llorado mucho. Me he sentido muy amada, rechazada, odiada y hasta me han deseado la muerte. Mi ministerio ha sido calumniado, maldecido por personas que se encuentran en el mundo ocultista. Puedo decir que Dios me ha probado como el oro. Muchas veces me ha dicho: *"Bien, siervo bueno y fiel; en lo poco fuiste fiel, sobre mucho te pondré, entra en el gozo del Señor"*. **Mateo 25:21.** Vivo para servirle; sino pudiera hacerlo, me moriría.

He podido trabajar con todo tipo de población de niños, jóvenes y adultos. La experiencia ha sido difícil, pero muy gratificante. Puedo decir que para esto he nacido. Que el predicar la palabra de Dios me apasiona. Soy una pastora de mucho amor, pero también soy estricta y no tengo pelos en la lengua. Lo que me ha traído problemas, ya que a nadie le agrada la corrección; al corregirlos, entienden que los estás juzgando. Como dice su palabra: *"El celo por tu casa me consume; sobre mi han caído los insultos de tus detractores"*. **Salmos 69:9.**

Durante estos años he podido identificarme con el buen Pastor que es Jesús. En cada situación que vivo o enfrento siempre veo a Jesús reflejado en mí. Pienso en qué haría él en esa situación o qué diría. Sé que, como todo siervo de Dios inútil, muchas veces me he equivocado, pero siempre trato de aprender de todos los errores que cometo, sabiendo y recordándome que no soy perfecta, que está en nuestra naturaleza, errar. Trato de mejorar en todo lo que hago y me gusta dar la milla extra.

Aunque no puedo negar que ha habido momentos en que he flaqueado y he querido soltar los guantes, dejarlo todo y dedicarme a otra cosa. Hay algo dentro de mí que no me lo permite. Que me dice que no me rinda, que no me de por vencida, que siga adelante, que lo mejor está por verse. Es entonces que recuerdo que si no hago la voluntad de mi Padre, estaré cooperando con el plan del enemigo. Vienen a mi mente las muchas promesas que Dios me ha hecho y que aún no se han cumplido, entonces solo le pido perdón a Dios. Le ruego que no se dé por vencido conmigo, que me de las fuerzas que necesito para seguir haciendo lo que tanto amo y me apasiona hacer, que es pastorear.

Recuerdo la pregunta que Jesús le hizo a Simón Pedro: *"¿Me amas más que a estos?"* Él le respondió: Si, Señor, tú sabes que te amo. Él le dijo: *"Apacienta mis corderos"*. Luego le volvió a hacer la misma pregunta: *"¿Me amas?"* Él le contestó que sí, y Jesús le enfatizó: *"Pastorea mis ovejas"*. Y por último le preguntó por tercera vez: *"¿Me amas?"* Le contestó que sí, y Jesús volvió a decir: *"Apacienta mis ovejas"*.

En tres ocasiones Jesús le preguntó lo mismo, me parece que le preguntaban el Padre, el Hijo y Espíritu Santo. Su insistencia me da a entender que no será fácil, que habrá oposición y que para lograrlo deberemos recordar el pacto con Jesús. Pedro, al contestar que lo amaba, también accedía a obedecer su petición. Todo pastor debe recordar la petición del buen Pastor, es un compromiso que debemos mantener por encima de todo, sabiendo que Dios, al que llama, respalda. Que no estamos solos, el Espíritu Santo nos acompaña.

La palabra dice: *"Así que, hermanos míos estad firmes y constantes, creciendo en la obra del Señor siempre, sabiendo que nuestro trabajo en el Señor no es en vano"*. **1 Corintios15:58.** La palabra misma nos exhorta a que sirvamos al Señor con firmeza y constancia, porque la tarea no será fácil. El mismo Jesús nos dijo: *"Si alguno quiere venir en pos de mí, niéguese así mismo, tome su cruz y sígame"*. **Mateo 16:24.**

He tenido muchas veces que negarme a mí misma para hacer la voluntad de mi Padre celestial. He dejado cosas que he amado por él. Los que no puedan negarse a sí mismos, no podrán seguir al Maestro. Cristo se negó a sí mismo para hacer la voluntad de su Padre, al decirle: *"Padre mío, si es posible, pasa de mi esta copa; pero no sea como yo quiero, sino como tú"*. **Mateo 26:39**. Debemos ser imitadores del buen Pastor en todo momento y circunstancia que enfrentemos.

El libro: "Siembras que Prosperan" (2015), hace referencia a que nacemos en pecado y que solo a través de Jesús, Dios nos santificó; así mismo debemos dejar que Él nos moldee y transforme, porque mientras más nos transforme el Señor, más fuertes nos volveremos; más su poder nos gobernará y, más Dios nos otorgará.

Estoy muy de acuerdo en que es necesario identificar las cosas que el enemigo utilizará para detenernos en el caminar con el Señor. Puede ser el temor, la duda, la inseguridad, la impaciencia; si permitimos que estos sentimientos nos gobiernen, estaremos fuera del plan de Dios.

Y aunque confieso que cuando decidí aceptar el llamado, en mí afloraron todo tipo de sentimientos, el amor por Dios y su obra han sido más poderosos que esos sentimientos negativos que han querido amedrentarme y detenerme. Lo primordial es dejarnos guiar por el Señor. Debemos consultar con él toda decisión. Y sobre todo, entregar todo sentimiento contrario a Dios en oración, de modo que no fracasemos.

Capítulo 12
Procurar, pues, los dones mejores
1 Corintios 12:30-31

Como dije en el capítulo anterior, el Señor me ha bendecido con múltiples dones y talentos. Entre ellos, me ha bendecido con el don de sanidad, profecía, palabra de ciencia y lenguas (1 Corintios 12: 8-10). De cinco ministerios, cuento con cuatro: ministerio de profeta, evangelista, pastor y maestra (Efesios 4:11). Por mucho tiempo le estuve pidiendo a Dios me mostrara su poder a través del don de sanidad. Pues le decía al Señor que deseaba ese don, ya que sabía que muchas almas vendrían a él a causa de un milagro de sanidad, que muchos no creían por no haber experimentado su poder, y que al hacerlo, sabía que le servirían.

El Señor, un día me confirmó lo que tanto le había pedido. Decidí ponerlo en acción, establecer un día en la semana donde iría a orar por los enfermos a los hogares, los hospitales y en mi trabajo. Comencé a visitar con una amiga pastora a los hogares. Dios comenzó a glorificarse en gran manera.

Recuerdo que uno de los casos por el cual oré fue por una compañera de trabajo que por espacio de diez años había tratado de quedar embarazada y no había tenido éxito. Mi compañera me comentó del caso, me pidió que oráramos por ella. Fuimos, impuse mis manos sobre su estómago y le hablé a su vientre, que en el nombre de Jesús quedara embarazada y diera a luz. No pasó mucho tiempo hasta que ella testificó de que Dios había hecho el milagro. Dios me había regalado el don de sanidad. Esto me dio más confianza y deseos de seguir trabajando y ayudando a mi prójimo.

Otra compañera maestra y hermana de nuestra iglesia estaba en necesidad de conseguir trabajo, oré por su trabajo y Dios también se glorificó. A otra amiga y hermana en la fe le salió un absceso en una pierna, el médico, al examinarlo dijo que estaba ramificado y que así sería imposible operarlo. Inmediatamente oré por ella y le pedí al Señor que lo encogiera todo, de modo que el doctor pudiera operarlo y sacarlo sin problema alguno. Y que no fuera maligno, así mismo, Dios lo hizo, la operación fue un éxito, el doctor pudo extraerlo todo y estaba muy sorprendido al ver que el tumor estaba encogido y no salió maligno.

Una compañera de trabajo fue diagnosticada con cáncer y pude orar por ella, tenía una preocupación grande, debía operarse en San Juan y no tenía dinero para los gastos que incurrirían durante ese tiempo. Le dije que se quedara tranquila, que Dios tocaría corazones. Al orar por ella, el Señor le habló y le dijo que no se preocupara, que él la sorprendería tocando corazones y que muchos la ayudarían económicamente. Le pedí al Señor en oración que la sanara del cáncer y que toda célula cancerosa muriera. Aflac la remuneró al salir positivo con cáncer. Mucha gente la ayudó económicamente, ella fue sorprendida y recordó las palabras que el Señor le dijo a través de mi boca. La operación fue un éxito, le extirparon 21 nódulos supuestamente cancerosos y ni uno salió con cáncer, el médico no pudo creer lo que vio, y ella quedó sana. El Señor le habló de que escribiría un libro, lo cual era un sueño que tenía, y así fue. Un par de años más tarde renegaba de Dios por problemas, blasfemaba y hasta lo maldecía, su cáncer volvió. Esto me recuerda a la palabra que dijo Job al enfermar: *"Desnudo salí de mi madre, y desnudo volveré allá. Jehová dio y Jehová quitó, sea el nombre de Jehová bendito"*. **Job 1:21-22.**

Jehová nos bendice de muchas maneras, pero si somos ingratos y mal agradecidos, él nos quita sus beneficios. Esto no lo digo por Job, pues él era un hombre justo conforme al corazón de Dios, y en su caso, el diablo lo tentó para mostrar su fidelidad para con Dios y este nunca maldijo a Dios. Lo digo por esa compañera que sí renegó de Dios, aun cuando él la había sanado, y por eso, hoy día tiene su cáncer de vuelta. Siempre debemos ser agradecidos con nuestro Dios, no importa lo que estemos pasando. A otra mujer le diagnosticaron cáncer en la garganta, una amiga me pidió que fuera a su casa a orar por ella. Oré por ella y declaré sanidad, declaré muerte sobre toda célula cancerosa. Se sometió a operación y le sacaron 21 nódulos supuestamente cancerosos y ni uno salió canceroso. Otra vez el médico no lo pudo creer.

La madre de un estudiante mío, por ser víctima de múltiples violaciones desde su niñez hasta su adultez, continuaba siendo víctima de su agresor que la violaba con su macana de policía, destrozando todos sus órganos y causando que tuviera sangramiento y baja hemoglobina, lo que hacía imposible poder operarla para retirar los órganos podridos que tenía. Mi amiga pastora la trajo a la iglesia para que orara por ella, declaré sanidad, declarando restauración de sus órganos. Ella fue al médico, quién a su vez pensaba que ella no llegaría a su cita viva, pero así fue. Al llegar, el médico se sorprendió de verla, le hizo otras pruebas, y al ver los análisis, comenzó a rascarse la cabeza. La joven madre comenzó a llorar esperando que él le dijera lo peor, pero el médico le dijo: "No llore, solo no entiendo lo que están viendo mis ojos". Pues observa que no era lo mismo que había visto antes, ya que todos sus órganos estaban podridos y su hemoglobina por el piso. El médico le preguntó a dónde había ido y ella, y solo respondió que mucha gente había estado orando para que fuera sana. El médico entonces le confesó que era ateo y que no creía en Dios, pero que ella le había dado la lección de su vida. Ya no tenía nada de la enfermedad, solo había una pequeña cicatriz, indicando que algo había ocurrido ahí. El médico tuvo que reconocer que Dios era y es real, y que sana cuando le pedimos. Su palabra nos dice: *"Él es quién perdona todas tus iniquidades, el que sana todas tus dolencias, el que rescata del hoyo tu vida, el que corona de favores y misericordia"*. **Salmos 103:3-4.** Una vez más el médico y la ciencia quedaron mal ante el inmenso poder de nuestro Dios.

Como pastora, he tenido que trabajar con el poder de mi mente e imaginación, especialmente en momentos en los que debo orar ejerciendo el poder de la fe y el poder de Dios. En ocasiones, la duda ha invadido mi mente haciéndome dudar del poder de Dios. Una vez, oré por una joven madre que estaba en etapa terminal de cáncer, y al ver lo mal que lucía, sabía que no habría sanidad. Ella era madre de estudiantes de la escuela en la que trabajaba. Y aunque me testificaron que tuvo una mejoría por un tiempo, luego falleció. Me di cuenta que cuando oro sin dudar o con fe, Dios se glorifica, pero cuando permito que la duda me inunde, no sucede nada. Por eso les digo: *"Crean que ya han recibido todo lo que estén pidiendo en oración y lo obtendrán"*. **Mateo 11:24.** Por lo tanto la palabra nos dice: *"vivimos por fe, no por vista"*. **2 Corintios 5:7.**

• • •

Todo hijo de Dios debe creer que recibirá lo que ha pedido en oración, aunque no lo veamos. Es por esta razón que he estado leyendo libros que fortalezcan mi fe e imaginación, para poder ser una obrera eficaz en mi don de sanidad y en el reino de Dios.

En el libro: "The Power of Imagination Unlocking Your Ability to Receive from God" (2019), el autor comienza definiendo la palabra imaginación. Él dice que la imaginación es el poder de formar una imagen de algo no real o presente. En su libro, nos dice que es en el poder de nuestra imaginación donde podemos desatar nuestra habilidad para recibir de Dios lo que pedimos. Muchas personas confunden imaginación con visión. Pero la visión es: "Una imagen mental producida por nuestra imaginación". Es posible tener visión sin una imaginación. Pues la imaginación es la habilidad de ver lo que no está presente. La imaginación es la habilidad de poder ver con tu mente lo que no puedes ver con tus ojos. Lo que para muchos de nosotros es fantasía, ya que tendemos a creer lo que podemos ver. Pero Dios es espíritu y no lo hemos visto, pero hemos creído, lo sentimos, lo oímos y hasta percibimos su presencia. No dudamos de su existencia, así como no dudamos de la existencia del aire, no lo podemos ver, pero lo sentimos y lo respiramos, nos da vida, sin él moriríamos. Entonces, de la misma manera que hemos podido creer en la existencia de nuestro Dios espiritual y no tenemos dudas, así mismo debemos creer en el poder de la imaginación dada por Dios y usarla a favor de Dios y nuestro. Nuestra falta de fe e imaginación es nuestro peor enemigo, se convierte en un obstáculo para lograr ver lo que pedimos en oración.

El Dr. Wommack, dice que nuestra imaginación es la responsable de crear el mapa que nuestra vida atraviesa. Aunque lo creamos o no, nuestra vida es exactamente como la imaginamos. Si te vez pobre, serás pobre, si te sientes victimizada, siempre habrá alguien o una cosa impidiendo que alcances tu meta, aun cuando entiendas que Dios te quiere próspero (3° Juan 2). Quizás estás orando por esto, por aquello, pero si no te puedes ver como Dios te ve, nunca experimentarás lo mejor de él. La imaginación es un factor controlador en tu vida.

Compartiré uno de los testimonios que contó el Dr. Wommack en su libro que me impactó. Cuenta que en una ocasión su póliza de seguro médico le exigió que se hiciera un electrocardiograma como rutina. Fue al doctor a hacerse el estudio, al terminar el examen le dice el doctor que debe dirigirse al hospital de emergencia para ser intervenido a corazón abierto. Él no podía creer lo que escuchaba, le dijo: -*¡Estás mintiendo, yo no vine porque me sentía mal, vine porque me lo exigió la póliza! ¡Usted es un mentiroso!*

El doctor, molesto, rompió los papeles del examen y le dijo: *"Es verdad, aquí lo que dice es que hubo un error en el examen, no que tienes un problema en el corazón, vete de aquí"*. ¡Increíble! ¿sabe cuánta gente a creído todo lo que una máquina de examen les dice y sin tener condiciones se depositan en las manos de cirujanos? Wommack entendió que no siempre lo que parece ser, es; es nuestra decisión lo que decidimos creer como cierto. Él comenzó a pensar en la palabra de Dios que habla sobre la vida. Comenzó a imaginar la palabra de Dios en su mente. Rechazó ese diagnóstico negativo del médico. Así mismo debemos nosotros decidir a quién le creeremos, a Dios o al hombre. A Dios o a nuestras circunstancias.

Esto me recuerda la historia de Elías y la viuda de Sarepta. Pues había hambre en ese tiempo y la viuda solo tenía un poco de aceite y de harina con la cual se disponía a preparar una última torta para ella y su hijo, y luego dejarse morir. Elías llegó y le pidió lo único que le quedaba, diciéndole que le preparara y le diera a él primero, prometiéndole que nunca más escasearía el aceite y la harina en su casa. Lo cual ocurre, por su obediencia, y tal vez su imaginación al creerle a Elías. Gracias a Dios que ella creyó en la palabra de Elías y no en sus circunstancias. (1 Reyes 17:8-24)

Años atrás, el Pastor Lake, un pastor muy bien conocido por su don de sanidad en los años 90, relató la historia de su experiencia en África del sur, durante el tiempo de la plaga de peste bubónica. Muchos enfermaban y morían como moscas. Nadie quería recoger los muertos para enterrarlos, y este pastor comenzó a hacerlo. Hasta que un día llegó un barco británico con médicos y medicina para combatir la plaga y ayudar. Los médicos, al ver a John, se sorprendieron y le preguntaron cómo era posible que no se hubiese contagiado. Él les dijo que lo hacía por el poder del Espíritu de Dios, que es vida en Cristo Jesús, que era su protección y que ese germen nunca podría adherirse a él y permanecer con vida. Ellos no le creyeron y se rieron de él. John, entonces los retó, les dijo que le hicieran una prueba. Que tomaran una muestra del germen vivo y se lo pusieran en su mano, que verían que al instante moriría el virus. Los médicos hicieron lo que él les dijo y exactamente como dijo John, sucedió. Quedaron sorprendidos al ver que el germen murió al instante de hacer contacto con su piel. Y creyeron en su fe. La Biblia dice: *"Porque la palabra de Dios es viva y eficaz, y más cortante que toda espada de dos filos: y penetra hasta partir el alma y el espíritu, las coyunturas y los tuétanos, y discierne los pensamientos y las intenciones del corazón"*. **Hebreos 4:12.**

La Biblia dice que no te sobrevendrá mal ni plaga tocará tu morada y que ninguna arma forjada contra ti prosperará. (Salmos 91:10-12) (Isaías 54:17). Claro, todo esto es por fe, depende de lo que tú escojas, creer o imaginar. La palabra nos dice: *"Amados yo deseo que tú seas prosperado en todas las cosas, y que tengas salud, así como prospera tu alma"*. **3° Juan 1:2.**

Yo escojo creerle a Dios y no a una mente negativa. Pero esto es un ejercicio que debemos practicar a diario, mientras más lo practiquemos, más Dios nos sorprenderá con su poder. Wammack, dice que una vez que entendió este principio de la imaginación, la bendición de Jehová lo arropó. Cuan necesario se hace que cada hijo de Dios logre desarrollar su imaginación; al hacerlo crecerá su fe y logrará ver lo invisible, como dice la palabra.

Hebreos 11:1-3, nos habla de la fe y nos dice: *"Es, pues, la fe la certeza de lo que se espera, la convicción de lo que no se ve. Por ella alcanzaron buen testimonio los antiguos"*.

Por la fe comprendemos que el universo fue hecho por la palabra de Dios, de modo que lo que se ve fue hecho de lo que no se veía. No puedo entender como muchos no creen en Dios si su naturaleza lo revela.

Capítulo 13
¿Quién sabe lo que piensa el Señor? ¿Quién puede darle consejos?
1 Corintios 2:16

Hace un año me retiré de maestra del sistema de educación de Puerto Rico. Recuerdo que un día caminando por el patio de la escuela, oí la voz del Espíritu Santo diciéndome: -*"Ten cuidado donde pisas, pues el enemigo desea verte postrada"*. Me sorprendí y me asusté, dije en mi mente: "me falta solo un mes para retirarme, quizás sea mejor que me ausente y agote mis días de enfermedad, no sea que en verdad tenga un accidente". Me quedé en mi casa para evitar un accidente. Un día fui a la casa de mi madre, y al entrar por el portón de hierro, cerrándolo y caminando hacia el balcón, sentí algo que me cayó en el pie izquierdo. Cuando miré, era el portón de hierro que me había caído en el pie, arrancándome toda la piel, precisamente dejando el talón de Aquiles expuesto. Inmediatamente mi hermana y ex cuñado me llevaron a sala de emergencia y me hicieron 22 puntos, gracias a Dios, el talón de Aquiles estaba intacto. Estuve convaleciendo por tres meses. Como si eso no fuera suficiente, a los tres días de mi accidente y estando convaleciendo, una de las hermanas de mi congregación me escribió para decirme que me quedara tranquila, que cuando yo me recuperara, ellos estarían ahí. Pero me enteré que por otro lado estaban invitando a todos los hermanos a otra iglesia. El Señor hizo que me enterara, y decidí comenzar con los cultos nuevamente, al ver que el enemigo se había levantado con el propósito de llevarse todas las ovejas y causar el cierre de la iglesia. Di los cultos en silla de ruedas. Porque como dice la Biblia, para el que cree todo es posible. Nunca entendí por qué sucedió esto, pero de una cosa sí estoy segura, y es de que el enemigo nos hará la guerra para entorpecer el propósito de Dios en nuestra vida. Fue un tiempo de mucho sufrir, donde recuerdo cuestionarle a Dios, ¿por qué? y decirle que si no quería que pastoreara, que me diera una señal, que me dejara saber.

Luego, todo pasó, mi pie se sanó y todo continúo como si nada. La hermana que se levantó en contra de la iglesia se fue a otra congregación. Dios me mostró que no todos son nuestras ovejas, él nos deja ver quién es quién. Hoy puedo entender que él la sacó porque era piedra de tropiezo para muchos. Cuando lo que Dios hace o permite no entendemos, sabemos que la palabra nos dice que todas las cosas obran a bien a aquellos que aman a Dios.

El evangelista psicológico, Dobson, en su libro: "Cuando lo que Dios hace no tiene sentido" (1993), nos habla sobre que muchas veces que Dios permite sufrimientos y cosas en nuestras vidas que no tienen sentido para fortalecernos y para enseñarnos a no darnos por vencidos. El autor dice que el sufrimiento produce fe en nosotros. Sí, fe, porque aun cuando no entendemos, seguimos confiando en él. Al morir Lázaro, Marta y María envían a decirle a Jesús esperando que el viniera inmediatamente a sanarlo, pero no fue así. Jesús se quedó exactamente dónde estaba hasta que Lázaro murió y luego fue. Sus hermanas tuvieron que sufrir la partida de su hermano.

Jesús muy bien pudo sanar a Lázaro, pero decidió esperar y llegar cuatro días después de la muerte y sepultura de Lázaro. Marta y María estaban enojadas con Jesús, y le dijeron al Señor: *"-Si hubieras venido, Lázaro no estaría muerto"*. Ellas pensaron que Jesús había llegado tarde, pero se equivocaron, Jesús nunca llega tarde, él llega justo a tiempo. Había un propósito de ser en este evento, una razón por la cual él se dilató y fue para testimonio de Dios.

Jesús hizo esto por dos razones. Primero, enseñarles a sus discípulos la naturaleza de la fe. Donde podemos creer la palabra de Dios aun cuando no veamos evidencia. Es pues la fe, la convicción de lo que se espera y la certeza de lo que no se ve. No siempre lo que se espera se podrá ver, he ahí la fe. **Hebreos 11:1.**

· · ·

Si tienes que ver para creer, entonces no es fe. Pues la palabra dice: *"Bendecidos los que no han visto y aun así creen"*. **Juan 20: 29.**

En segundo lugar, Jesús decidió no sanar a Lázaro para mostrar la estrategia divina de una oración no contestada. Hay una razón por la cual Dios no siempre escucha o contesta nuestras oraciones, y es porque él sabe lo que es mejor para nosotros, por eso responde por su voluntad. (1 Juan 5:14). Jesús esperó para glorificarse y que creyeran en su poder, aun cuando ellas pensaban que era tarde ya. *"Porque nada hay imposible para Dios"*. **Lucas 1:37.**

Una oración no contestada en mi vida, es la de ver a mis hijos de regreso al redil. Ver a mi esposo siendo un siervo ferviente de Dios. Desde niños los llevaba a la iglesia. Les enseñé la palabra de Dios. Hoy están apartados, no le sirven al Señor. Son hombres de provecho con temor de Dios, saben a quién acudir en tiempos difíciles, pues acuden a él en oración.

Me he desesperado al ver que tarda tanto mi petición y hasta me he sentido frustrada al no haber podido ganarme a mis hijos. Sé y entiendo que el tiempo de Dios es el perfecto, por lo tanto, doy gracias por mi milagro aun cuando no lo he visto, lo creeré y lo confesaré hasta que se cumpla. Y cada vez que puedo, los llamo: pastor y evangelista del Señor.

Capítulo 14
Y estas señales seguirán a los que creen
Marcos 16:17

Otro de los ministerios que el Señor me ha dicho que me otorgará, es el de liberación. Aunque no tengo mucha experiencia en liberación, si he tenido oportunidad de ministrar liberación. Hace un par de años atrás, mucho antes de ser pastora, mi hermana Esther y yo tratamos de hacer liberación a mi padre. Mi padre padecía de sus facultades y su diagnóstico era esquizofrenia. Como sabemos, muchas de las enfermedades son demonios que atormentan a las vidas. Por lo tanto, mi hermana y yo nos atrevimos a impartir liberación a mi padre.

Y, aunque ahora reconozco que no estaba preparada para ello, pude ver el amor y la protección del Señor hacia nosotras, al no permitirle a estos demonios que poseían a mi padre, matarnos. Recuerdo que les ordenaba que salieran de mi padre y ellos me contestaban que -¿a dónde? Yo les decía: *"váyanse a los cerdos y arrójense al mar como en la Biblia"*. Les pregunté cómo se llamaban, y me contestaron: *"Legión, porque somos muchos"*.

Estando en ayuno, ya que la palabra dice que este género no sale sino es con ayuno y oración, disponiéndome a dormir ya en mi cama, sentí que me tomaban por el cuello y no podía hablar, pero lo más sorprendente fue que no tuve miedo y comencé a reprender en mi mente. Le dije: *"Te reprendo en el nombre de Jesús. Satanás, tú no tienes parte ni suerte conmigo, pues Cristo me compró a precio de sangre preciosa. Estoy muy cansada y no tengo tiempo que perder contigo"*.

Me dejó y continue durmiendo como si nada hubiera pasado. Esto me hizo entender que Satanás es como un fantasma y que no tiene derecho legal sobre los hijos de Dios, siempre y cuando vivamos vidas íntegras, libres de pecado. En Lucas 10:19, dice: *"He aquí os doy potestad de hollar serpientes y escorpiones y sobre toda fuerza del enemigo, y nada os dañará"*.

En otra ocasión, estuve cuidando una anciana y la misma llevaba fumando una cajetilla de cigarrillos a la semana, por 25 años. Estaba muy indignada, ya que, si ella fumaba en mi casa, significaba que yo fumaría también. Comencé a hablarle de que nuestro cuerpo, que no nos pertenecía, que era el templo del Espíritu Santo y que por cualquier daño que le hiciéramos tendríamos que dar cuentas a Dios. Le expliqué que estaba dañando sus pulmones, que se moriría de este mal.

Ella entendió y le dije que, si tenía fe, el Señor la libraría de ese vicio. Le pregunté si quería ser libre y si creía que Jesús lo podía hacer; ella contestó que sí.

Hicimos una oración pidiéndole perdón al Señor y pidiéndole que la liberara; ella dijo que terminaría los cigarros que le quedaban y que nunca más volvería fumar. Así fue, nunca más volvió a fumar. Su hija estaba muy agradecida de Dios y de mí.

En otra oportunidad tuve que hacer liberación a una joven que estaba atada por un demonio de lesbianismo. La joven había sido mi estudiante y visitaba mi iglesia a veces. Se había bautizado, pero necesitaba ser libre. Hice un ayuno de 40 días porque deseaba ayudarla y quería estar preparada. La liberación la llevamos a cabo un joven evangelista y yo, recuerdo que no fue fácil, pues ella había sostenido relaciones sexuales con otra mujer y había quedado atada. Recuerdo que fueron como dos horas, hasta que al fin recibió liberación.

Al otro día la llamé dándole instrucciones que el Señor me había dado para ella. El Señor le decía que tuviera cuidado con sus cinco sentidos, que el enemigo trataría de poseerla de nuevo. Que no conversara, ni escuchara personas atadas por ese mismo espíritu, que no las tocara. Que borrara todo contacto con estas personas, porque podía volver a caer. Pero ella no hizo caso y comenzó a hacer todo lo que el Señor le había prohibido, y volvió a abrir puertas y fue nuevamente poseída.

• • •

Jesús desea que seamos libres, y cuando acudimos a él por ayuda, nos la brinda, pero si volvemos a abrir puertas, él permite que volvamos a nuestro pasado. Nuestra obediencia, y el apartarnos del pecado, nos mantendrá libres.

La palabra dice que el postrer estado viene a ser peor que el primero, y así fue. La joven ya salió del closet como dicen, alega que es un hombre, que Dios la ama así y que nadie puede juzgarla, que será salva. No escucha consejos y se alejó de mí, aun cuando Dios le revela sueños conmigo y ella en la iglesia. Es muy triste lo que el enemigo hace con las vidas cuando son débiles y desobedientes. Por algo la palabra dice que si tu mano te es ocasión de caer, córtala y échala fuera; claro que esto no es literal, lo que significa es que si algo te puede hacer caer, aléjate de ello. Es lamentable, porque esta joven predicaba la palabra de Dios y el Señor tenía grandes planes con ella.

En el libro "Como llegar a ser una vasija para honra en el servicio para el Maestro", de la Dra. Brown (1993), experta en liberación. Dice que Jesús da a sus servidores autoridad sobre los demonios en su nombre. Ella dice que durante sus sesiones de liberación no habla con los demonios ni permite las manifestaciones físicas de demonios, pues ella busca al Señor para que le dé respuestas.

Cuenta ella, que antes hablaba y discutía con los demonios y le tomaba muchas horas hacer la liberación. Hasta que un día le preguntó al Señor: -¿por qué cuando Jesús le ordenaba a un demonio salir, este salía inmediatamente? Entonces aprendió que no se habla, ni se discute con los demonios, ya que eso es pecado. Pues al hablar con los demonios hacemos que la persona atada se convierta en médium, y eso es un pecado (Deuteronomio 18:10-12). Por algo el Señor nos alerta de que en los últimos días se levantarán falsos profetas y doctrinas de herejías, cuidémonos de estas prácticas y de iglesias que practiquen esto.

La Dra. Brown, dice que el mayor impedimento para una liberación es el pecado. La palabra de Dios dice en Lucas 10: 19, *"He aquí os doy potestad de hollar serpientes y escorpiones, y sobre toda fuerza del enemigo"*. Por lo tanto, si nos arrepentimos y confesamos nuestros pecados, Dios nos limpiará. La única condición para la liberación es el verdadero arrepentimiento. Es a través del arrepentimiento que nos apartamos del pecado y nos dedicamos a enmendar nuestros errores.

En la liberación hay cuatro pasos sencillos:
- Definir las puertas de entrada a los pecados que profanan el templo.
- El arrepentirse y confesar pecados pidiendo a Dios perdón y purificación.

- Ordenar a los demonios que entraron por esos pecados, que salgan para siempre.
- Dejar de pecar y saturar la vida con la palabra de Dios.

Cuando la liberación se hace como un paso de fe no se permitirá manifestación demoníaca. Los pecados que profanan el templo son herejía, cualquier participación en el ocultismo, o pecados sexuales. Actos sexuales tales como relaciones fuera del matrimonio, actos sexuales con el mismo sexo, incesto, actos sexuales con niños, con animales, demonios, sadomasoquismo o pornografía.

Al llevar a cabo liberación, se le debe ayudar a la persona a hacer una lista de puertas de entrada en su vida. Aunque hay tres listas de pecados que las personas deben identificar: Los pecados de profanación del templo que son puertas de entrada, y los pecados que no son puertas, pero que deben ser confesados. Lista de personas que lo han herido o han pecado contra usted.

Los pecados deben ser confesados uno a uno. Según la persona se arrepienta y pida perdón, eliminará todo derecho legal que tengan los demonios para quedarse. El hacer esto ayudará a realizar la liberación en solo un par de horas.

Propósito

En mi libro: "Los Zapatos de la Pastora, a la Luz de mi vida", pretendo hacer entender a todo hijo de Dios que, si bien es cierto que Dios tiene propósitos con usted, el enemigo también los tiene.

Que aun cuando somos escogidos desde el vientre de nuestras madres, siendo embriones, desde ese mismo momento comienza el enemigo a tratar de entorpecer los planes y proyectos de Dios con esa vida.

Todo hijo de Dios debe estar preparado y debe entender que depende de nosotros que el plan de Dios se cumpla en nuestra vida. Para esto se requiere entrega, obediencia, negarnos a nosotros mismos y morir a nuestro yo.

Así como dijo el Apóstol Pablo: "*Con Cristo estoy juntamente crucificado, y ya no vivo yo, más vive Cristo en mí; y lo que ahora vivo en la carne, lo vivo en la fe del Hijo de Dios, el cual me amó y se entregó a sí mismo por mí*". **Gálatas 2:20.**

Que cada prueba, obstáculo e impedimento viene para bien, pues son ellos los que nos perfeccionan, preparan y capacitan para el cumplimiento del propósito de Dios en nuestra vida.

Y como dice la palabra:

"Sabemos que para los que aman a Dios, todas las cosas cooperan para bien, esto es, para los que son llamados conforme a su propósito". **Romanos 8:28.**

ACERCA DE LA AUTORA

La Dra. Ruth Feliciano Roldán, además de tener estudios en teología es maestra, predicadora, consejera, capellán y Pastora.

Ha desempeñado el rol de maestra en escuelas públicas, donde impartió no solo la enseñanza planteada por el sistema educativo de Puerto Rico, sino que también la Palabra de Pan de Vida a todos sus estudiantes.

Le sirve al Señor desde los 21 años de edad, y actualmente se dedica al pastorado en la Iglesia Casa Emmanuel Dios con Nosotros, ubicada en el pueblo de Aguadilla, Puerto Rico. Donde tiene el privilegio de impartir la Palabra de Dios a los miembros de la congregación.

Desarrolla un ministerio para las mujeres, organizando encuentros para tocar temas especiales, como, por ejemplo: Sanidad interior. Involucrándose en otras áreas muy sensibles para la comunidad, interviniendo con oración, evangelismo y actos de misericordia a los más necesitados.

Comparte la, vida de servicio con su esposo, Nolasco Méndez, con quien ha procreado a dos varones: Kevin Méndez y Brian Méndez. También tiene la dicha de ser abuela.

BIBLIOGRAFÍA

- Biblia Reina Valera 1960
- "The Power of Imagination Unlocking Your Ability to Receive from God" {2019}
- "Cuando Lo Que Dios Hace no Tiene Sentido" {1993}
- "Siembras que Prosperan" {2015}
- "Pastores del Rebaño" {2016}
- "A La Manera Del Pastor" {2005}
- "Dios viviendo Dentro de Ti" {2002}
- "El campo de Batalla de la Mente" {2007}
- "Como Llegar a Ser una Vasija para Honra en el Servicio para el Maestro" {1993}
- "Una Iglesia Con Propósito" {1998}